城市舒适性理论与研究进展

何金廖　著

中国财经出版传媒集团
中国财政经济出版社
北京

图书在版编目（CIP）数据

城市舒适性理论与研究进展 / 何金廖著. -- 北京：中国财政经济出版社，2023.9

ISBN 978-7-5223-2522-4

Ⅰ.①城… Ⅱ.①何… Ⅲ.①城市-发展-研究 Ⅳ.①F291.1

中国国家版本馆 CIP 数据核字（2023）第 182603 号

责任编辑：高文欣　　责任印制：史大鹏

封面设计：卜建辰　　责任校对：徐艳丽

中国财政经济出版社 出版

URL：http：//www.cfeph.cn

E-mail：cfeph@cfeph.cn

社址：北京市海淀区阜成路甲 28 号　邮政编码：100142

营销中心电话：010-88191522

天猫网店：中国财政经济出版社旗舰店

网址：https：//zgczjjcbs.tmall.com

北京财经印刷厂印刷　各地新华书店经销

成品尺寸：170mm×240mm　16 开　12 印张　166 000 字

2023 年 9 月第 1 版　2023 年 9 月北京第 1 次印刷

定价：68.00 元

ISBN 978-7-5223-2522-4

（图书出现印装问题，本社负责调换，电话：010-88190548）

本社质量投诉电话：010-88190744

打击盗版举报热线：010-88191661　QQ：2242791300

前　言

新时期，我国城镇化进入高质量发展阶段，以往追求规模和增长速度的发展理念逐渐被绿色、生态、人文、创新的发展理念所取代，打造宜居宜业宜游的城市环境成为当前城市建设的核心任务。在此背景下，学术界先后涌现出“智慧城市”“韧性城市”“人民城市”“公园城市”等概念，这些概念虽各有特点和侧重，但其本质都是为了满足人们对于“美好生活”追求的愿望。而满足个体的物质和精神需求已不仅是一种社会福利，更是城市经济走向创新和繁荣发展的基础和驱动力。因此，那些能够使人产生愉悦体验的城市在未来的发展过程中更有可能脱颖而出，获得可持续的增长和繁荣。这也是城市舒适性理论的精髓所在。

舒适性（amenity）一直是国外地理学与城市经济学领域的重要概念，最早可追溯到20世纪中叶，地理学家开始注意到人居环境（如气候与景观）对经济发展的重要作用，并首次提出舒适性作为经济增长的要素之一，然后，随着福利地理学（welfare geography）、享乐住房价格（hedonic housing price）、生活质量指数（quality of life index）等概念的出现，城市舒适性被经济学、地理学、环境学领域的学者广泛用于区域创新发展、人才流动、房地产价格、文化旅游等问题的研究。

舒适性理论的产生与西方社会进入后工业化和知识经济时代密切相关。一方面，在后工业化社会，经济发展的引擎开始从福特主义生产模式转变为以科技创新和文化创意为基础的经济活动（即创意经济），而创意经济又高度依赖于拥有特殊技能和创造力的人力资本。因而，对高端创新与创意人才有着很强吸引作用的城市舒适性变得格外重要。另一方面，随着消费城市的崛起，人们对高品质生活设施、艺术品和休闲娱乐的需求也在不断上升，城市舒适性已成为提升城市房地产和土地价值的重要因子。例如，历史建筑、歌剧院、电影院、博物馆、咖啡店、酒吧分布密集的街区往往比其他地区拥有更大的商业开发潜力和土地价格外溢效应。

随着研究的深入，国内外学者对城市舒适性概念的理解也不断丰富。著名城市学家 Clark、Glaeser、Florida 等都对城市舒适性的内涵有过经典的阐述和定义。笔者也曾提出了情景化的舒适性概念，即在不同的社会语境中、针对不同的人群，城市舒适性的内涵有所差异。此外，中国人对舒适物的认知也与西方社会不同，例如，西方社会对于美好生活的图景往往与阳光、海滩、露天咖啡等场景发生联系，而中国人所向往的美好生活却往往与美食、繁华、团聚等场景发生联系，火辣的阳光在中国不仅不是一种舒适物反而是中国女性避之不及的场景。

当前，中国正处于工业化转型时期，在部分一线发达城市，后工业经济和消费主义文化正在兴起，城市舒适性对于城市经济发展和人民幸福感的提升发挥着日益重要的作用。然而，遗憾的是中国学者对城市舒适性的研究还比较滞后，现有研究主要以介绍西方的概念或构建舒适性评价体系为主，少量研究开始关注舒适性对区域创新、人才流动、房地产和旅游产业等方面的影响（经济学视角），但对城市舒适性的文化和社会价值，以及城市舒适性的公平性问题缺少系统性研究。

鉴于此，笔者在长期从事城市舒适性研究的基础上，试图对国内外城市舒适性的理论基础和研究进展进行系统梳理，总结城市舒适性的概念内涵、方法论、指标与评价方法，探讨城市舒适性与区域创新发展（新兴产业集聚）、人才流动、房地产、文化旅游等之间的关系，最后对国内外城市舒适性研究进行对比分析，提出未来研究展望，从而为发展和丰富城市舒适性理论提供参考，起到抛砖引玉的作用。

全书共分为七章。第 1 章介绍舒适性概念的缘起、演变及时代意义，探讨城市舒适性理论对中国城镇化高质量发展、宜居城市建设等实践工作的重要意义。第 2 章着重介绍国内外城市舒适性的评价方法和指标体系，并通过对中国前50大城市的舒适性综合评价案例加以说明。第3章简要探讨了城市舒适性与创新发展之间的关系，包括城市舒适性促进城市创新发展、新兴产业集聚的主要机制。第4章聚焦城市舒适性对人才流动的影响作用，城市舒适性理论主要应用于人才迁移研究领域，因此，该章是本书的重点部分，分别通过“音乐人才的空间集聚及其机理”“中国海归科研人才区位选择机理分析”两个案例进行实证检验。第5章主要分析城市舒适性与房地产价格的关系，并着重介绍了享乐住房价格模型，从而为剖析城市舒适性的商品属性提供理论参考。第6章系统介绍了旅游舒适物的定义与内涵，以及当前旅游舒适性研究主要关注的议题和方法论。最后，第7章总结了国内外城市舒适性研究的主要贡献，以及对比分析了国内外研究的差异，对未来研究提出相关建议。

在书稿的撰写过程中，华东师范大学城市发展研究院的研究生李炜、陈燚菲、曲华丽、叶涵溪、陈鹏鑫等同学深度参与了书稿的编写工作，在此表示衷心的感谢！

何金廖

2023年7月于上海

目录

第1章 城市舒适性概念与内涵

在知识经济时代，创新与创意人才资源已经成为城市和区域发展的核心竞争力，创造性活动高度植根于城市社会和日常生活实践中，集聚经济的传统区位要素（如生产成本和规模效益递增）已被城市的创新氛围（innovative milieus）和城市舒适性（amenity）所取代。在此背景下，探讨城市舒适性的概念与内涵，挖掘其对城市与区域经济发展，尤其是对创新与创意人才流动的作用机制，已经成为当前学术领域的热点话题①。在政策层面，近年来国家大力推动以人为核心的新型城镇化建设，致力于打造宜居、韧性、创新、智慧、绿色、人文的“三生”空间（生产、生活、生态），这一发展理念与城市舒适性理论的基本观点异曲同工，因此，系统总结和梳理国内外城市舒适性研究和实践经验，对新时期中国推动高质量城镇化发展具有重要意义。

1.1 舒适性概念的缘起与演变

舒适性（amenity）自20世纪50年代由美国经济地理学家Ullman首次提出以来，逐渐成为后工业化国家地理学与城市经济学领域的重要概念之一。舒适性概念的提出起源于20世纪中叶学者们对人口迁移现象及动力的讨论。早期的学者认为，经济机会是人口迁移最重要的动力，然而自1920

① He J，Huang X，Xi G. Urban amenities for creativity：An analysis of location drivers for photography studios in Nanjing. Cities，2018，74（4）：310－319.

年以来，处于经济发展边缘但拥有舒适气候的美国西部地区加利福尼亚州（以下简称加州）移民迁入的速度远远超出了基于人口迁移模型预期的速度，从而引起了学者们对影响人口迁移的非经济因素的关注①。20世纪中后期，随着西方发达国家逐步进入后工业化社会，人们更加关注生活品质，开始向自然环境较好的地区迁移。在此背景下，有学者认为移民迁移至加州的一个重要动机是出于享乐主义（如舒适的气候），而非优越的工作机会等经济因素②。20世纪后期，美国人口向西部和南部迁移的趋势进一步扩大，与其他由经济机会引起的大规模迁移不同，以加州为代表的美国西部和南部城市主要以宜人的气候吸引了大规模移民。例如，佛罗里达州是迄今为止移民增长最快的地区，该地区具有温暖而阳光充足的冬天和温度适宜的夏天。基于此，以Ullman为代表的学者开始强调宜人的气候和优美的自然景观对人口迁移的吸引力，首次提出舒适性的概念，即舒适的生活条件，并认为气候可能是最重要的地区舒适性，尤其在美国文化、教育、卫生等物质舒适性分布相当均匀，而气候则是非均匀分布、不可移动的。气候舒适性体现了人们对健康、阳光、温暖湿润的气候、更少的气象灾害等要素的关注③。“舒适性——而非狭义的经济优势——正成为推动人口显著增长的动力”，这一结论挑战了以经济因素为主导的传统人口迁移理论观点和以物质和财富积累为中心的城市发展模式，区域环境和生活品质首次得到经济学家的广泛重视。随后，西方学者率先开始以英国、美国、巴西、加拿大等国家为案例，进行与舒适性相关的人口迁移现象的实证研究。在此过程中，舒适性的概念与内涵随着城市化的推进和经济发展呈现出多样化的特点。

20世纪80年代，欧美国家进入郊区化的后期阶段，城市中心环境得

① Thornthwaite C W. Internal Migration in the United States, Study of Population Redistribution Bull. Philadelphia, USA: University of Pennsylvania, 1934.

② Bright M L, Thomas D S. Interstate Migration and Intervening Opportunities, American Sociological Review, 1941, 6: 773 – 783.

③ Ullman E L. Amenities as a factor in regional growth. Geographical Review, 1954, 44 (1): 119 – 132.

到改善，人口开始向城市回流，此时国外学者开始注意到城市的便利性和社会经济氛围对人口回流的拉动效应，因此如何改善城市舒适性（urban amenities）从而吸引人口回流成为城市研究的热点。在此背景下，城市与地理学者就城市舒适性的概念和内涵展开了进一步探讨。Bartik（1987）认为舒适性是描述地方所能提供的特定物品、服务，以及所具有的能产生愉悦的特质①。Power（1988）考虑到城市舒适性的地域性差异，认为舒适性是无法市场化的本地特质，如休闲空间、野生动植物、社会文化、人造景观、历史遗迹等，能够吸引人来此居住②。Gottlieb（1994）从企业选址和就业增长的视角，认为舒适性是城市特有的、根植于地方的服务或产品，以生活品质（quality of life）或居住条件（living conditions）的形式使城市中的就业者从通勤或居住中获益③。Luger（1996）关注城市政府政策的作用，认为城市舒适性是城市将公共部门工作人员和公共基础服务设施作为劳动力和资本，投入城市经济增长和生产中的复合"产品"④。

20世纪90年代之后，随着人们生活品质需求的提升，城市舒适性的内涵进一步发生了变化，以城市经济学家和城市主义者为代表的学者从城市主义、人力资本理论、新经济地理学等视角出发对后工业化背景下城市舒适性的概念内涵做出了新的补充和调整。城市舒适性内涵逐渐从城市提供的公共服务、社区组织等逐渐向城市的消费职能转变。Glaeser（1988）提出消费城市（consumer city）的概念，关注城市的消费职能，在舒适性概念内涵中增加了体验性的消费场所（如餐馆），并从城市尺度和通勤的视角提出舒适性内涵应包括便捷的交通和通讯基础设施⑤。类似地，Clark

---

① Bartik T J, Smith V K. Urban ameities and pubic policy ［C］ //Mils E S. Handbook of regional and urban economics. Amsterdam, Netherlands: Elsevier 1987.

② Power T M. The economic pursuit of quality. New York, USA: ME Sharpe Armonk, 1988.

③ Gottlieb P D. Amonities as an economic development tool: Is there enough evidence? . Economic development quarterly, 1994, 8 (3): 270 - 285.

④ Luger M I. Quality - of - life differences and urban and regional outcomes: A review. Housing policy debate, 1996, 7 (4): 749 - 771.

⑤ Glaeser E L. Are cities dying? . Journal of economic perspectives, 1998, 12 (2): 139 - 160.

(2002）认为城市中的文化活动是城市经济活力的关键，因此，后工业时代城市舒适性的内涵应该注重城市中的消费空间和娱乐休闲设施，如博物馆、歌剧院、咖啡店、二手书店等①。Scott（2010）在对已有研究的总结归纳基础上，认为城市舒适性是人们身处城市环境或氛围中所感受到的精神层面的满足，主要源于城市中良好的自然环境、文化娱乐设施、良好的社区氛围等②。Florida（2002）从创意阶层（creative class）理论的视角出发，结合城市中创意阶层所具有的高流动性等特点，进一步发展了城市舒适性的概念内涵，并提出“3T”理论（technology、talent、tolerance），认为城市中多元、包容的社会氛围是城市舒适性的重要组成部分，包括同性恋比例、少数族裔及外国人的比例、城市居民的友好程度和包容性等③。Mulligan（2011）指出舒适性是特定区域所能提供的服务和商品，吸引人们前往特定城市进行居住和工作④。Zheng（2016）则更进一步强调城市舒适性的概念应侧重非经济因素对人才的吸引作用，如考虑排除工作、物价等经济因素⑤。

总体而言，舒适性是指一个地方某些使人们感到舒适和愉快的特质。在地理学领域上，舒适性被视为一个地方的品质或一个地区的总体环境，以及一个特定的地方性商品⑥。城市舒适性的内涵随着城市化的推进和区域经济发展不断丰富和演化，大致可分为三个阶段：第一阶段，早期以 Ullman 等为代表的学者主要关注自然舒适性要素（如阳光、温度、地貌等）；

① Clark T N，Lloyd R，Wong K K，et al. Amenities drive urban growth. Journal of urban affairs，2002，24（5）：493 – 515.

② Scott A J. Jobs or amenities? Destination choices of migrant engineers in the USA. Papers in Regional Science，2010，89（1）：43 – 63.

③ Florida R. The rise of the creative class. New York，USA：Basic books，2002.

④ Mulligan G F，Carruthers J I. Amenities，quality of life，and regional development [M] //Investigating Quality of Urban Life：Theory，Methods，and Empirical Research. Dordrecht，Netherlands：Springer，2011.

⑤ Zheng L. What city amenities matter in attracting smart people? . Papers in Regional Science. 2016，95（2）：309 – 327.

⑥ Argent N，Tonts M，Jones R，et al. A creativity – led rural renaissance? Amenity – led migration，the *creative turn and the uneven development of rural Australia.* Applied Geography，2013，44：88 – 98.

第二阶段，以 Glaeser 等为代表的学者则强调人工舒适性（如城市消费设施、文化场所等）的重要性；第三阶段，以 Florida 等为代表的学者对社会氛围和文化环境舒适性内涵的解读。

相比而言，国内关于舒适性的研究起步较晚，目前仍处于探索阶段。随着中国城市化进程的推进和知识经济时代的到来，以往对经济因素的关注并不能很好地解释新时期人才迁移机制，学者开始注意到非经济因素（如生活品质）对人口流动和企业区位选择的影响，因此，城市舒适性理论开始被引入国内地理学相关研究中，并有部分学者开始注意到中国语境下的城市舒适性与西方发达国家的差异性。例如，吴文钰和温婷等（2010）较早地在地理学领域引入城市舒适性理论，就其概念内涵、理论框架和发展脉络进行梳理。吴文钰通过对西方已有研究的概念总结归纳，选择城市便利性这一译法，认为城市便利性是存在于各种地理尺度上的丰富多彩的生活便利性，以及由此而形成的高生活质量[①]。温婷等（2014）将城市舒适性概括为取代物质优势和地理优势的人才吸引力，反映人们对品质生活的需求，具有地域性、不可再生、与收入正相关、不可替代等特点，并将舒适性分为自然、人工、社会三个维度[②]。类似地，喻忠磊等（2016）认为城市舒适性包含自然环境、公共服务、基础设施、环境卫生、游憩环境和社会氛围五个维度[③]。马凌等（2018）采用城市舒适物这一概念，并对其内涵做出解读，认为舒适物反映当代城市在物质生产方面向消费和审美的转向，并将中国舒适物拆解为自然、文化和商业、交通、卫生、社会等维度[④]。何金廖等（2019）研究了中国语境下创意产业和创意人才

---

① 吴文钰．城市便利性、生活质量与城市发展：综述及启示．城市规划学刊，2010，189（4）：71－75．

② 温婷，蔡建明，杨振山，等．国外城市舒适性研究综述与启示．地理科学进展，2014，33（2）：249－258．

③ 喻忠磊，唐于渝，张华，等．中国城市舒适性的空间格局与影响因素．地理研究，2016，35（9）：1783－1798．

④ 马凌，李丽梅，朱竑．中国城市舒适物评价指标体系构建与实证．地理学报，2018，73（4）：755－770．

集聚的驱动机理，指出在中国的特殊文化背景下，部分西方社会强调的舒适性因子不一定适用于中国的创意人群，如夜生活和酒吧文化，强调城市舒适性的地域性①。此外，值得注意的是，尽管国内舒适性相关研究较少，但张文忠（2007）较早关注人居环境的研究，其中涉及城市舒适性的部分内容，在中国城市的宜居性框架构建中将舒适性分为自然环境舒适性和人文环境舒适性②。

因此，国内外学者对城市舒适性概念内涵的探索也经历了不断完善和丰富的过程，城市舒适性的概念内涵与社会经济发展阶段、不同地域的历史文化环境紧密相关。国外学者对西方语境下城市舒适性的内涵及构成进行了较为系统的研究，国内相关研究数量虽然较少，且以对西方既有成熟概念框架的引入为主，但近年来越来越多的文献开始关注中国语境下城市舒适性内涵的本土化解读。综合前人的研究成果和概念梳理，笔者认为城市舒适性是能够吸引不同类型的人才（如科研人才、文化创意人才等）、企业、资本的城市自然、人工、社会环境及城市设施，包括舒适宜居的气候、优美的自然和人文景观、交通便利性、工作和经济机会，以及富有活力的生活质量因素——包容性的社会氛围（如多元化的少数民族）、完善的文化设施（如艺术博物馆、画廊）、多样化的生活方式和丰富的社交空间（如咖啡店、酒吧、文艺展演）等。总之，随着知识和人才资源逐渐成为城市和区域发展核心竞争力，创新创意成为经济发展的驱动力，城市舒适性研究的重要性与日俱增。

1.2 城市舒适性的时代意义

城市舒适性理论在区域经济和人才迁移相关研究中应运而生，在理论

① 何金廖，曾刚．城市舒适性驱动下的创意产业集聚动力机制——以南京品牌设计产业为例．经济地理，2019，39（3）：134－142，161.

② 张文忠．宜居城市的内涵及评价指标体系探讨．城市规划学刊，2007，169（3）：30－34.

形成和发展的历程中，城市舒适性的内涵及构成与所在的社会经济发展阶段、地域历史文化紧密相连。从 20 世纪 50 年代舒适性概念的提出，人们开始重视宜人的气候和优美的自然景观对经济发展的作用，在 20 世纪 80 年代郊区化后期人口向城市回流的背景下，城市所能提供的吸引人口回流城市的公共服务提供能力、生活品质显得格外重要，再到 20 世纪 90 年代消费主义的兴起，城市文化的多样化和包容性成为驱动城市经济繁荣的重要因素。简而言之，不同时代背景下，城市舒适性的内涵和构成有所不同，这为我们理解当前中国快速城镇化语境下的舒适性提供了指导思想。对当今中国而言，在经历了跨越式的城市化之后，中国城市发展进入了新的阶段，并呈现出新的特点与发展要求，从以往追求速度和规模的发展思维转变为追求高质量的新型城镇化，城市舒适性的重要意义变得不言而喻，其主要体现在以下几个方面。

首先，提升城市舒适性是实现我国城镇化高质量发展的重要方面。改革开放以来，中国经济跻身于世界第二大经济体，取得了举世瞩目的成就。但近年来，随着中国经济运行方式的内部条件和外部环境变化，依靠投资与要素驱动、以 GDP 为导向的传统模式逐渐暴露出弊端。因此，区域高质量发展成为指导我国城市和区域经济发展的重要概念。区域高质量发展说明中国正处于转变发展方式、优化经济结构、转换增长动力的攻关期。现阶段，区域高质量发展要求区域重视经济综合竞争力，同时注重生态环境的可持续性，在满足人民日益增长的美好生活需要的条件下实现永续发展。在此背景下，部分学者突破了以往在新古典增长理论影响下单一考虑全要素生产率的研究方法，从多个维度构建指标体系对区域发展质量进行评价。例如，从包括经济增长、绿色发展、对外开放、创新能力和产业实力等多维度选取指标，从而全面把握区域高质量发展的趋势①。

既有研究展现出城市舒适性理论与区域高质量发展的关系。例如，从

① 孙久文，蒋治. 中国沿海地区高质量发展的路径. 地理学报，2021，76（2）：277－294.

区域高质量发展和城市舒适性的评价指标上看，两者具有一定相似性。简新华等构建了产品服务、经济、社会、生态效益和经济运行状态5个子系统和63个基础指标（见表1－1）。其中，5个子系统均有部分指标与城市舒适性指标重合（见表1－2），尤其是生态效益和社会效益，体现出城市舒适性与区域高质量发展对城市和区域的内在要求具有相似性。

表1－1　中国高质量发展评价指标体系

子系统	基础指标
产品服务	第三产业增加值占GDP比重、国际旅游收入占GDP比重、星级饭店数量、优等品率、质量损失率、社会消费品零售总额占GDP比重
经济效益	劳动效率、资本效率、土地产出率、全要素生产率、工业企业经济效益
社会效益	每万人拥有公共交通车辆、每千人口医疗机构床位数、每百万人拥有公共图书馆数量、每十万人刑事案件立案数、每十万人各类案件审查批准、决定逮捕人数、人均住房面积、就业人员工资总额占GDP比重、人口死亡率、人口总抚养比、城乡居民家庭恩格尔系数、贫困发生率、基本养老保险覆盖率、城镇人均可支配收入与农村人均纯收入之比、城镇人均消费支出与农村人均消费支出之比、人均GDP泰尔指数、电话普及率
生态效益	人均公园绿地面积、城市污水处理率、环境污染投资治理占GDP比重、人均能源消费率、人均二氧化碳排放量、单位产值能耗、人均水土流失治理面积、每万人拥有公共厕所数量
经济运行状态	GDP增长率、人均GDP、每十万人口在校大学生数、政府科学技术支出占一般公共预算支出比例、每万人专利申请授权数、技术市场成交额占GDP比重、城镇登记失业率、经济波动率、工业化率、产业结构高级化指数、产业结构合理化指数、农业比较劳动生产率、非农业比较劳动生产率、二元对比系数、二元反差指数、城镇化率、最终消费率、投资率、年底存款余额占GDP比重、年底贷款余额占GDP比重、M2占GDP比重、财政自给率、通货膨胀率、外汇储备合理化指数、经常账户失衡程度、资本和金融项目失衡程度、进出口总额占GDP比重、外资投资额占GDP比重

资料来源：笔者根据文献整理。

表1－2　中国城市舒适物评价指标体系

一级指标	二级指标
自然舒适物	1月平均气温、7月平均气温、建成区绿化覆盖率、人均公园绿地面积、空气质量达到及好于二级的天数、荣誉称号数
文化舒适物	博物馆数量、图书馆数量、剧院/影剧院数量、国家重点文物保护单位数量、普通高等学校数量、重点中学数量、最佳幼儿园数量

续表

一级指标	二级指标
卫生服务设施	三甲医院数、床位数
商业服务设施	星级酒店数量、国家4A级以上景区数量、高端购物中心数量、特色餐馆数量、星巴克数量、专业展馆数量、主题公园数量、创意园区数量
交通便利程度	公共汽车/电车客运量、人均城市道路面积、机场数、轨道交通客运量、公路运输完成客运量、铁路运输客运量、民用航空旅客发送量
社会舒适物	每万人在校大学生数、每万人治安案件查处数、外商投资企业、离婚率

资料来源：笔者根据文献整理。

从区域高质量发展和城市舒适性建设的目标和实现路径来看，城市舒适性相关研究对区域高质量发展路径的实现也具有重要指导和促进意义。在知识经济和后工业化城市发展的背景下，创新和创意人才成为新经济形态中最为重要的生产要素，城市的人文环境和氛围尤其重要。而要实现区域高质量发展，就必须推动经济增长的工具理性与人类价值目标相融合，最大限度地从质量层面改善经济状态，不断满足人民日益增长的美好生活需要。而城市舒适性理论在西方城市转型过程中提出，除了物质与财富积累外，更关注人的生活和生存质量，尤其关注影响城市高端人力资本迁移和影响城市吸引力和城市发展的因素。因此城市舒适性与区域高质量发展从目标上不谋而合。进一步从实现路径相关研究上看，刘浩等（2020）通过分析中国城市的区域发展质量，提出了要坚持创新、协调、绿色、开放、共享作为区域高质量发展的导向作用，以人力资本集聚和知识生产配置为核心，着力发展和培养科技创新和知识密集型产业，加大环境规制力度①。绿色发展方面，李汝资等（2018）强调生态环境保护对高质量发展的保障作用，提出从提升区域协同发展水平、加快绿色发展动力转换、严格环境治理等方面着手，推进人地和谐高质量发展②。总体而言，人才、产业以

① 刘浩，马琳，李国平．中国城市全要素生产率的演化格局及其影响因．地理研究，2020，39（4）：880－891.

② 李汝资，刘耀彬，王文刚，等．长江经济带城市绿色全要素生产率时空分异及区域问题识别．地理科学，2018，38（9）：1475－1482.

及社会和生态环境是区域高质量发展的重要维度。其中，有多种因素可能会影响人才和产业的迁移，从外部环境（如经济和制度优势）到个人需求和动机[①]。值得注意的是，大量实证案例表明，城市舒适性在吸引高科技创新企业集聚、人才落户以及区域高质量发展等方面具有显著的推动作用。例如，以前关注国际科学家返回流动动机的研究通常基于传统的决定因素外，如个人特征、经济利益和职业机会，但有关技术人才迁移的一些最新发展表明，除了传统的决定因素外，其他因素对技术人才流动也会产生吸引力[②]。根据 Florida（2002）的说法，学术界的研究人员和熟练的科学家是富有创造力的人，他们不仅寻求工作机会和经济回报，而且还努力将自己置于创造性的环境中，使他们能够更加自主和创新地工作，并拥有一个愉快的环境来提高他们的生活质量，这一环境被称为地方舒适性（local amenities）[③]。从舒适性的视角来看，科学家不仅是知识工作者，而且是精英主义，他们的区位选择可能与当地的工作和生活环境高度相关。他们更有可能被舒适性较高的城市所吸引，这些城市拥有高水平的教育机构、富裕的医疗保健公共设施、宜人的娱乐和社交网络空间，以及宜居的气候和自然环境。综上所述，城市舒适性建设强调人才和产业的发展环境、绿色和谐的人地发展关系等方面，是一种新颖的、符合中国当前经济发展阶段的理论，具有重要的实践指导意义。因此，在当前区域高质量发展的要求下，城市舒适性研究对区域高质量发展路径的制定具有重要价值。

其次，关注城市舒适性是“以人为本”理念的重要体现。城市作为经济活动和人口的集聚中心，在引领和协调区域发展中发挥着重要作用；然而，部分城市却面临人口流失的严峻挑战，地方边缘化态势显著。随着当

① Faggian A，Royuela V. Migration flows and quality of life in a metropolitan area：The case of Barcelona - Spain. Applied Research in Quality of Life，2010，5（3）：241 - 259.

② Hansen H K，Niedomysl T. Migration of the creative class：evidence from Sweden. Journal of Economic Geography，2009，9（2）：191 - 206.

③ Florida R. The economic geography of talent. Annals of the Association of American geographers，2002，92（4）：743 - 755.

前中国人口结构的变化和居民收入水平的提高，地方消费主义逐渐形成，人口与劳动力的流动决策不再仅停留于对就业机会与经济收益的关注，公共服务、良好的环境等地方性特征的作用开始凸显。

在过去相当长的时段内，中国城市化发展重速度而疏于质量，城市建设水平参差不齐，不符合以人为本的新型城镇化要求。城市舒适性作为表征城市发展与建设水平的综合属性特征和影响居民生活质量的公共物品，为考察城市化质量提供了新的切入点和考察视角，因此城市舒适性研究对新型城镇化建设具有重要参考价值。

如何通过城市舒适性提供地方特有的、人工打造的优良生活条件，增强城市竞争力，实现人力资本的积累、有效推动城市与区域的经济发展，是新时代背景下城市和区域发展面临的契机与难题。在居民生活水平日益提高的今天，新型城镇化过程中如何更好地践行以人为本的思想，最大限度地保留城市地方特色并发挥人工建造环境的优势，从而满足居民的生理、心理乃至精神需求，是当代城镇化推进过程中应当积极思考的问题。

在政策层面，新时期国家推动新型城镇化发展战略，强调“人民城市为人民”的基本理念，以创造宜业、宜居、宜乐、宜游的良好环境为目标，合理安排生产、生活、生态空间，走内涵式、集约型、绿色化的高质量发展路径。人民城市的发展思路为实现当前城市发展从结构主义到人本主义、从人口城镇化到人的城镇化提供了政策指引。新型城镇化的内涵——人本性、包容性、协同性、可持续性，与城市舒适性理论强调城市中服务于居民的基本公共服务、地方性、社区发展、日常生活和人的权力在很大程度上如出一辙（见图1－1）①。因此，关注城市舒适性研究对推进我国新型城镇化建设具有重要意义。

最后，舒适性理论对完善地方人才引进政策具有重要指导意义。21世纪以来，人才资源逐渐成为区域发展的核心竞争力，城市舒适性的重要性

① 方创琳．中国新型城镇化高质量发展的规律性与重点方向．地理研究，2019，38（1）：13－22.

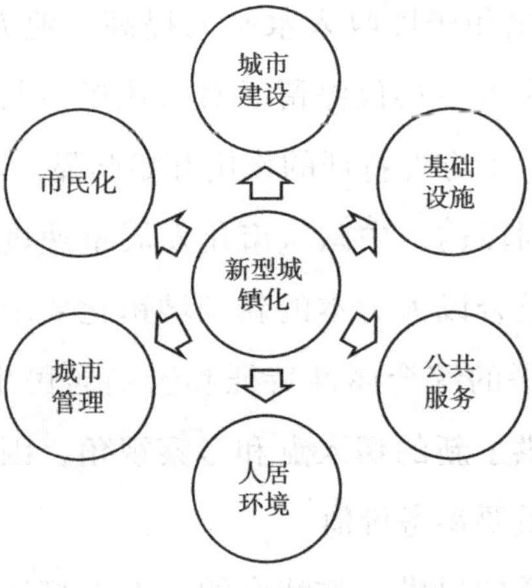

图1-1　新型城镇化高质量发展的内涵

资料来源：笔者根据文献整理。

提升到前所未有的高度。中国经济结构创新性转型的背景以及中国城市的人才争夺大战赋予了城市舒适性研究重大的现实意义。通过提升城市舒适性能够缓解人口尤其是技能型劳动者的流失，吸引劳动力和企业集聚，保证城市与区域发展。

林静霞等（2020）发现我国海归"青千学者"的就业选择主要集聚在北京、上海、南京、杭州等东部一线城市以及少数中西部核心城市，多选择"985"和双一流高校，就业单位的等级和科研水平普遍较高。相对于城市经济发展水平而言，城市教育文化、医疗卫生、科研条件以及社会氛围等舒适性对科研人才有较强的吸引力。城市舒适性指标中的全社会科研经费投入、国际学校数量、接待入境游客人数、建成区绿化覆盖率以及居民素质、单位等级、是否母校等指标是影响"青年千人"就业迁移决策的关键因素①。类似地，何金廖等（2022）通过基于城市舒适性的技术移民方法来研究国际科学家回流，发现归国科学家的区位选择受到本地舒适性的显著影响，而本地舒适性由多种因素组成，包括自然舒适性、科学环境、

①　林静霞，何金廖，黄贤金．城市舒适性视角下科研人才流动的城市偏好研究．地域研究与开发，2020，39（1）：59－64，88.

公共基础设施和服务以及生活成本等[1]。此外，还有城市和区域经济学领域的学者通过使用享乐回归模型和离散模型来分析房地产价格和居民住房选址问题[2]，这两种基于舒适性的模型都假设在确定一个人搬到新社区时，除了工资和收入以外，位置选择属性的功能是否包括城市舒适性因素，如景观、气候、城市绿地和基础设施的可达性[3]。

1.3 城市舒适性与宜居城市建设

"宜居城市"是适宜于人类居住和生活的城市，是宜人的自然生态环境与和谐的社会、人文环境的有机结合的城市，也是所有城市发展的方向和目标。其适用范围包括所有城市居民，强调城市的综合环境和基本民生服务。中国已进入城市社会，城市之间竞争力的塑造将更多地基于城市的综合服务和环境质量，城市舒适性将成为城市吸引人才，形成竞争优势地位的制胜武器。在开放共享、以人为本的理念指导下，通过赋予城市包容性、多元化和充满活力的文化环境，充分发挥城市作为人才和产业发展环境的孵化器作用，营造高品质宜居城市，从而吸引高端人才和高科技创新企业集聚，成为城市社会和知识经济时代下宜居城市建设的重要维度之一。

从服务对象、建设要求等方面看，宜居城市建设与城市舒适性建设均有共同点。从服务对象上，两者都受到以人为本的理念影响，关注城市环境中的"人"的居住感受和"人"的发展，服务于"人"的多样化需求[4]。从建

---

① He J, Song Y, Huang X, et al. An amenity - based approach to excellent returning scientists' location choice in China. Papers in Regional Science, 2022, 101 (5): 1181 - 1197.

② Albouy D, Graf W, Kellogg R, et al. Climate amenities, climate change, and American quality of life. Journal of the Association of Environmental and Resource Economists, 2016, 3 (1): 205 - 246.

③ Sinha P, Caulkins M, Cropper M. The value of climate amenities: A comparison of hedonic and discrete choice approaches. Journal of Urban Economics, 2021, 126: 103371.

④ 温婷，蔡建明，杨振山，等. 国外城市舒适性研究综述与启示. 地理科学进展，2014，33 (2)：249 - 258.

设要求上看，舒适性是宜居城市建设的一个组成部分，世界卫生组织认为舒适性是人居环境建设的四项基本理念之一，人居环境研究是城市宜居性研究的起源，也是宜居城市建设的重要内容。因此，城市宜居性建设的建设重点中包含部分城市舒适性的概念。例如，宜居城市五大体系中包括能够让居民感受到身心愉悦、享受到优美的人文和自然环境的宜人生态环境体系，与城市舒适性对自然舒适性的要求相一致。在公共服务环境体系中，便捷可达、丰富多样的服务设施同时也是城市舒适性框架中人工舒适性的重要内容。类似地，城市社会环境体系中对宜居城市的城市包容性、多样性要求更是城市舒适性的代表性理论思想。总而言之，宜居城市的建设重点是塑造具有宜人舒适的自然环境、方便快捷的生活娱乐设施、和谐包容的社会文化环境、具有创新和开放精神的高品质城市，与城市舒适性的内容具有高度一致性。因此，城市舒适性可以视为宜居城市建设的重要内容之一，对于城市宜居性的提升具有重要意义（见表1－3）。

表1－3　　　　宜居城市建设的重点

五大体系	内容
宜人的生态环境体系	宜人的生态空间
	减少污染物的排放和环境治理
	控制城市空间无序扩张
高标准的城市安全环境体系	提高城市的应急减灾能力
	保障城市生命供给线安全运行
	完善社会治安防控体系
	提高食品药品监督水平
方便的公共服务环境体系	完善服务设施类型
	提高服务设施可达性和效率
	提高出行的便捷性
	鼓励绿色出行方式
和谐的城市社会环境体系	提高城市的多样性
	增强城市的包容性
	维持和保护传统文化特色
	提高居民的文化认同

续表

五大体系	内容
可持续的城市经济环境体系	鼓励发展绿色经济
	养成节约健康的生活、消费方式
	营造创新发展环境

资料来源：笔者根据文献整理。

然而，国内当前的学术文献往往将城市舒适性与人居环境、宜居性等概念混合使用，却忽略了城市舒适性与城市宜居性、人居环境之间存在的显著差异，以下将从城市舒适性、人居环境、宜居性的提出背景、概念、特征、作用和目标维度对概念间的区别和联系进行梳理。

城市舒适性的产生背景是20世纪初工业化和城市化推进所带来的环境破坏问题，地理学家开始关注优美的居住环境对生活质量、人口迁移、城市发展的重要作用，并将其定义为那些使人产生愉悦（pleasantness）的地方场景和属性，表征着一个地方的总体环境，或地方特色，如宜人的气候、美丽的景观、独特的建筑聚落和著名的文化遗产等①。温婷等（2016）从对象、内容和目标三个方面总结了城市舒适性的特征：①城市舒适性主要针对高端创新型人才；②城市舒适性的要素在品质上有更高要求；③城市舒适性的目标在于通过吸引创新人才来推动城市经济发展，是一个经济发展策略，而不是城市的基本保障②。

比较而言，城市宜居性是一个更为广泛的概念，最初主要关注的是如何改善城市的居住环境。自19世纪开始，随着理想都市建设和田园城市理念的兴起，城市的舒适、便利和美观等职能受到关注。第二次世界大战后随着城市规划的发展，城市宜居性在城市规划中的地位逐渐得到重视，David在《宜人与城市规划》中指出宜人的内涵包括公共卫生、生活环境、

① 何金廖，曾刚．城市舒适性驱动下的创意产业集聚动力机制——以南京品牌设计产业为例．经济地理，2019，39（3）：134-142，161.

② 温婷，林静，蔡建明，等．城市舒适性：中国城市竞争力评估的新视角及实证研判．地理研究，2016，35（2）：214-226.

历史建筑和自然环境等方面。1961年世界卫生组织（WHO）进一步总结和提出居住环境的基本理念，包括安全（safety）、健康（health）、便利（convenience）、舒适（amenity）。1970年以来，生活质量及居住区的综合条件成为国外宜居城市研究的核心，并融入了可持续性、适宜性、公众参与等理念。国内关于宜居城市的研究主要来源于吴良墉（2001）关于人居环境的研究，人居环境的理论和方法是宜居城市研究的重要基础①。《北京城市总体规划（2004—2020年）》中首次提出将"宜居城市"作为北京城市发展的目标，推动了我国宜居城市研究。张文忠（2007）从城市安全、生活便利、环境宜人和社会和谐四个基本方面构建了中国宜居城市的理论框架和指标体系，指出宜居城市评价的目的是在"以人为本"的城市发展理念下，以为所有居民提供良好的居住和生活环境条件为导向进行城市发展规划指导②。顾文选等（2007）则提出宜居城市应包含社会、经济、环境、安全、资源、便利等六个维度③。楚建群等（2007）认为宜居城市应因地制宜，满足居民多方面的需求④。总地来说，"宜居城市"是适宜于人类居住和生活的城市，是宜人的自然生态环境与和谐的社会、人文环境有机结合的城市，也是所有城市发展的方向和目标。其适用范围包括所有城市居民，强调城市的综合环境和基本民生服务（见图1-2）。

人居环境的范畴要更为全面，自第二次世界大战以来世界人居环境科学迅速发展，1976年温哥华召开第一次联合国人居会议，1996年伊斯坦布尔召开"人居二"大会，人居环境（human settlements）的概念成为世界性的行动，将传统的建筑科学融入多学科的领域，形成综合的人居环境科学（science of human settlements）概念。国内人居环境研究以清华大学人居环境研究中心（以下简称中心）的吴良镛等人为代表，自1995年中心建立

① 吴良镛．人居环境科学导论．北京：中国建筑工业出版社，2001.

② 张文忠．宜居城市的内涵及评价指标体系探讨．城市规划学刊，2007，14（3）：30-34.

③ 顾文选，罗亚蒙．宜居城市科学评价标准．北京规划建设，2007（1）：7-10.

④ 楚建群，董黎明．创造良好的城市宜居环境．北京规划建设，2007（1）：15-17.

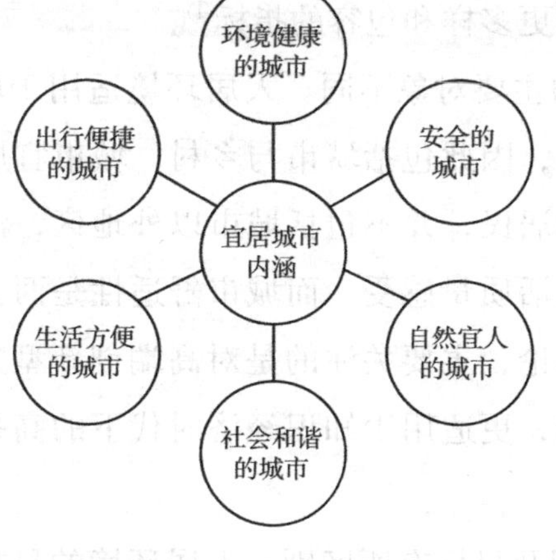

图 1－2　宜居城市的内涵

资料来源：笔者根据文献整理。

以来产生了丰富的研究成果，包括《人居环境科学导论》①。吴良镛将人居环境定义为人类聚居生活的地方，是人类在大自然中赖以生存的基地，人居环境建设的核心和目的是满足"人类聚居"的需要，包括自然系统、人类系统、社会系统、居住系统和支撑系统等五大系统。人居环境科学学科体系以建筑、城市规划和景观领域的研究为主体进行构建，强调人类的建设活动受到自然和社会两个方面的影响，追求实现人与自然的和谐统一。

因此，综合来看，城市舒适性与城市宜居性、人居环境无论从概念性质、内涵，还是作用、目标等方面均有一定的差异性，城市舒适性与城市宜居性、人居环境之间的区别和联系可以通过图 1－3 来表示。三者的区别如下。

（1）人居环境和城市宜居性概念较为广泛。其中人居环境最为广泛，属于自然—人类复合系统，关注人与自然、自然生态与人工建筑环境的和谐关系。而国内城市宜居性的概念以人居环境概念为基础，主要指城市环境和基本民生服务，以城市为主要背景。城市舒适性概念相对更丰富、细

① 吴良镛．人居环境科学导论．北京：中国建筑工业出版社，2001.

致，较前者而言更关注城市中社会氛围的舒适性，强调城市的文化娱乐、休闲消费职能，采用更多样和包容的指标[①]。

（2）三者关注的主要对象不同。人居环境适用于所有居民，以人类居住的空间为研究对象，因此包括城市与乡村。城市宜居性的背景是城市环境，服务于城市中的居民，并不包括城市以外地区，注重城市宜居环境的打造和城市居民的生活质量感受。而城市舒适性是西方国家进入知识经济时代的新城市发展理论，主要关注的是对高端创新型人才的吸引，因此从关注对象上位于顶端，更适用于知识经济时代下的高技能人才和创意工作者等创新型人才。

（3）三者的作用及目标有所区别，人居环境的目标是满足人类聚居的需求，追求人与自然和谐发展。城市宜居性主要用以指导改善城市居住环境，解决城市居民对居住环境的需求与城市建设之间的矛盾。城市舒适性则以推动城市区域发展为目标，旨在通过高品质的人居环境建设吸引对城市经济发展具有推动作用的人力资本、经济资本、企业和产业落户城市，从而提升城市竞争力，即落脚点在实现城市经济发展。

从三者的联系上看，城市舒适性、城市宜居性和人居环境的概念有一定相同之处。例如，三者都关注人工建成环境、自然生态环境和社会文化氛围等方面的适宜性，都受到“以人为本”思潮的影响，关注“人”的多样化需求。从三者之间的关系和发展脉络上看，人居环境研究是城市宜居性研究的起源，也是宜居城市建设的重要内容。而世界卫生组织认为舒适性是人居环境建设的四项基本理念之一，城市宜居性概念框架中也包含部分城市舒适性的概念和指标，因此城市舒适性可以视为宜居城市建设的重要内容之一，对于城市宜居性的提升具有重要意义。

随着中国经济进入新常态，中国大都市地区正在经历产业转型升级和城市功能转变。不同于往常依赖劳动和资本高投入的模式，区域经济发展

① He J, Huang X, Xi G. Urban amenities for creativity: An analysis of location drivers for photography studios in Nanjing, China. *Cities*, 2018, 74 (4): 310-319.

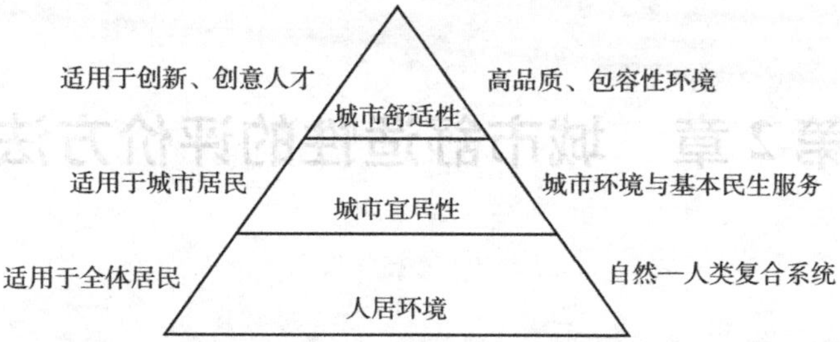

图1-3 城市舒适性、城市宜居性、人居环境的概念区别与联系

资料来源：笔者根据文献整理。

已开始转向依赖创新促进技术进步的新局面。如何在新一轮的世界产业分工中抓住机会并促进城市创新发展成为当前下需要思考和关注的热点问题。城市舒适性理论作为西方国家进入知识经济时代的新城市发展理论，把握其概念和内涵的演变、新时代背景下的内涵与研究意义，以及与相关理论的区别与联系，可以为当下中国城市可持续发展、促进产业结构转型以及建设以人为本的城市环境提供良好的视角和解释机制。

第2章 城市舒适性的评价方法

随着世界经济向知识经济转型，城市舒适性已日益成为城市发展的新引擎，是提升城市综合竞争力的关键资源。在全球化背景下，城市之间的竞争越来越激烈，而具有良好舒适性的城市更容易吸引企业投资与人才流入。因此，采用科学合理的方法评价城市舒适性可以帮助城市管理者和规划人员了解自己城市的优劣势，进而制定出更具针对性的发展战略，不断改善城市环境和提高居民的生活质量，助力城市实现高质量发展目标。

2.1 城市舒适性的指标体系

在对城市舒适性概念内涵讨论的基础上，国内外学者就其评价及指标体系的构建进行了积极探索。城市舒适性内涵的要义在于哪些要素影响了人们对生活品质需求的满足，早期研究主要强调自然环境要素（主要是气候等）；然而城市作为一个自然实体，自然环境作为其自身固有属性难以改变，人们只能通过改造人工环境去塑造城市舒适性，舒适性内涵也因此逐步得到扩展，分类体系日趋多样化。

Boyer 等（1989）较早构建了相对全面的城市舒适性评价指标体系，将城市舒适性分为生活成本、犯罪、医疗、工作、交通、教育、艺术、休闲和气候等 9 大方面[①]。在此之后，Florida（2002）提出了波希米亚指数，认为波希米亚人在某一地区的存在和聚集创造了一种开放、包容以及多样性

---

① Boyer R, Savageau D. Places rated almanac: Your guide to finding the best places to live in North America. New York, USA: Prentice Hall, 1989.

的环境氛围，吸引着其他类型的人才或高人力资本的个人①。人力资本的累积又吸引着以技术为基础的产业或促进创新产出，从而推动城市的可持续发展。在此基础上，Florida（2002）进一步提出了多样性指数，该指数使用研究区域内同性恋家庭所占比例来表征城市的多样性和包容程度②。Clark（2004）主张把城市舒适性划分成4个类型，包括自然舒适物（例如，令人舒适的气候、湿度、气温、水域、总体自然吸引力）；人造舒适物（例如，图书馆、博物馆、歌剧院、书店、食品店、星巴克、自行车道）；社会经济构成和多样性（例如，居民的收入和教育水平、居民构成等）；居民的价值观和态度（例如，是否友好、宽容度、风险承担精神、个人主义价值观）③。Glaeser等（2004）认为城市舒适物的类型主要包括丰富多样的服务和消费品供应，如特色餐馆、剧院、购物中心、互联网等；美感和舒适的物质环境，如建筑物的风格和美感，气候、气温；良好的公共服务，包括优质学校和较低的犯罪率；速度，即交通便利程度和速度等4个方面④。

国外城市舒适性研究典型指标体系如表2-1所示。

表2-1 国外城市舒适性研究典型指标体系

学者	年份	城市舒适性指标
Boyer等	1989	生活成本、犯罪、医疗、工作、交通、教育、艺术、休闲和气候等9大方面
Florida	2002	波希米亚指数（开放、包容以及多样性的环境氛围）、多样性指数（同性恋家庭所占比）
Clark	2004	包括自然舒适物、人造舒适物、社会经济构成和多样性、居民的价值观和态度等4类
Glaeser等	2004	服务和消费品供应、美学和物理/环境设置、公共服务和速度等4个方面

资料来源：笔者根据文献整理。

① Florida R. Bohemia and economic geography. Journal of Economic Geography, 2002, 2 (1): 55-71.

② Florida R. The economic geography of talent. Annals of the Association of American Geographers, 2002, 92 (4): 743-755.

③ Clark T N. Urban Amenities: Lakes, opera, and juice bars: Do they drive development? //Clark T N. The City as an Entertainment Machine. New York: Elsevier, 2004.

④ Glaeser E L, Kolko J, Saiz A. Consumer and cities//Clark T N. The City as an Entertainment Machine. New York: Elsevier, 2004: 178-179.

评价指标体系是城市舒适性的具体表征系统，应当遵循全面性、系统性、科学性和数据可得性原则基于城市舒适性内涵来遴选指标。以上述思想为指导，国内也有部分学者对中国城市的舒适性进行综合评价。例如，温婷等（2016）将城市舒适性分解为健康环境、自我发展环境、休闲环境和社会氛围环境①。喻忠磊等（2016）将舒适性细分为自然环境、城市公共服务、城市基础设施、环境卫生条件、休闲游憩环境和社会氛围②。马凌等（2018）探索性地构建了中国城市舒适性系统的综合指标体系，其中包括自然舒适性、文化舒适性、商业舒适性物、交通便利程度、卫生服务设施和社会舒适性等 6 个一级指标以及 34 个二级指标③。整体而言，当前城市舒适性评价指标体系主要包括以下内容（见表 2－1）。

（1）自然环境舒适性。

自然环境舒适性是指使一个地方更具吸引力的自然环境属性，由一个城市的地理位置决定，是一个城市难以改变却高度依赖的自然环境本底，主要包括气候气象（如降雨、光照、温度）和景观（如河流山川、地貌、自然风景环境）等方面④⑤。气候方面，鉴于北半球冬季、夏季气候差异最大且对舒适性影响最大，而春秋季节气候差异相对小且较接近人体最适宜值范围，其中对人体舒适度影响最大的要素为气温、湿度和日照时间，故部分研究选择 1 月及 7 月平均气温作为气候因子⑥。景观因素方面，尽管地形地貌、山体、海岸等都对城市舒适性构成影响，但这些要素与舒适性的具体关系却仍不明确，且不同居民个体对该要素偏好不同，如有人喜欢平

---

① 温婷，林静，蔡建明，等．城市舒适性：中国城市竞争力评估的新视角及市政研判．地理研究，2016，35（2）：214－226.

② 喻忠磊，唐于渝，张华，等．中国城市舒适性的空间格局与影响因素．地理研究，2016，35（9）：1783－1798.

③ 马凌，李丽梅，朱竑．中国城市舒适物评价指标体系构建与实证．地理学报，2018，73（4）：755－770.

④ Winters J V，Li Y. Urbanisation，natural amenities and subjective well－being：Evidence from US counties. Urban Studies，2016：1－18.

⑤⑥温婷，蔡建明，杨振山，等．国外城市舒适性研究综述与启示．地理科学进展，2014，33（2）：249－258.

原也有人喜欢山地；而绿色空间、园林绿化等对城市而言却至关重要，影响居民生活质量，因此已有研究选择城区绿化覆盖率及人均公园绿地面积作为景观表征指标。

自然舒适性评价指标体系如表 2－2 所示。

表 2－2　自然舒适性评价指标体系

指标层	要素层	基础数据来源
自然环境	7 月平均气温（℃）	各城市统计年鉴
	7 月相对湿度（%）	中国气象科学数据共享服务网（http：//cdc. cma. gov. cn）
	1 月日照时数（h）	中国气象科学数据共享服务网（http：//cdc. cma. gov. cn）
	1 月平均气温（℃）	各城市统计年鉴
	生态用地比率（%）	各城市统计年鉴、城市建设统计年鉴

资料来源：笔者根据文献整理。

（2）人工舒适性。

人工舒适性既包括人类历史上遗留下来的文物遗迹，如具有美学价值的历史街区、纪念碑和历史建筑等，也包括现代人工设施（如大型图书馆、博物馆和歌剧院）、生活便利设施（如二手书店和珍本书店、果汁吧、有机食品超市、星巴克，体育赛事，体育健身设施如游泳馆和网球场等），还包括便捷的交通和通讯基础设施。这部分主要涉及人造空间，在全球化和中国经济迅速发展的背景下，中西方互为影响，因此在城市人工舒适性内容上并没有大的差异，差异主要体现在类型与品质上。喻忠磊等认为人工舒适性的范畴较为宽泛，同时其也是城市规划与建设的重要内容，为使舒适性评价结果的实践价值更具有指向性，需要参考相关城市规划与建设的内容体系，并将人工舒适性进一步细分为四个方面，即，保障居民居住、生活及出行的城市公共服务和城市基础设施、满足居民休闲游憩需求的休闲游憩环境、体现城市整体环境质量的环境卫生条件。

人工舒适性评价指标体系如表 2－3 所示。

表 2-3　人工舒适性评价指标体系

指标层	要素层	基础数据来源
城市公共服务	生师比（小学）	各城市统计年鉴
	生师比（中学）	各城市统计年鉴
	每百万人拥有国家重点文物保护单位数量（个）	各城市统计年鉴
	每百万人拥有剧场、影剧院数（个）	各城市统计年鉴
	每百人公共图书馆藏书（万册）	各城市统计年鉴
	三甲医院数（个）	各城市统计年鉴、好大夫网（www. haodf. com）
	每万人拥有的医疗床位数（张）	各城市统计年鉴
	每万人拥有的医师人数（人）	各城市统计年鉴
	每万人出租车拥有量（辆）	各城市统计年鉴
	每万人公共汽车拥有量（辆）	各城市统计年鉴
休闲游憩环境	人均公园绿地面积（km^2）	各城市统计年鉴、城市建设统计年鉴
	单位面积上的年游客接待量（万人次）	各城市统计年鉴
	主题公园数量（个）	大众点评网（www. dianping. com）
	专业展馆数量（个）	大众点评网（www. dianping. com）
	高端购物中心数量（个）	大众点评网（www. dianping. com）
	特色餐馆数量（个）	大众点评网（www. dianping. com）
	每万人拥有的娱乐、文化、住宿、餐饮就业人员（人）	各城市统计年鉴
环境卫生条件	污水处理率（%）	各城市统计年鉴、城市建设统计年鉴
	生活垃圾无害化处理率（%）	各城市统计年鉴、城市建设统计年鉴
	单位面积建成区内道路保洁面积（km^2）	各城市统计年鉴、城市建设统计年鉴
	空气质量优良天数比例（%）	生态环境部（https：//www. mee. gov. cn）
城市基础设施	人均居住建筑面积（m^2）	各城市统计年鉴、城市建设统计年鉴
	人均居住建筑面积（m^2）	各城市统计年鉴、城市建设统计年鉴
	用水普及率（%）	各城市统计年鉴、城市建设统计年鉴
	燃气普及率（%）	各城市统计年鉴、城市建设统计年鉴
	建成区供水管道密度（km/km^2）	各城市统计年鉴、城市建设统计年鉴
	建成区排水管道密度（km/km^2）	各城市统计年鉴、城市建设统计年鉴
	互联网普及率（%）	各城市统计年鉴、城市建设统计年鉴
	机场数（个）	各城市统计年鉴、城市建设统计年鉴
	高铁站数（个）	各城市统计年鉴、城市建设统计年鉴
	人均实有道路面积（km^2）	各城市统计年鉴、城市建设统计年鉴

资料来源：笔者根据文献整理。

（3）社会氛围舒适性。

城市舒适性是一种感官上的舒适感或幸福感，前两种物质范畴的城市舒适性主要给予人们视觉、听觉或味觉上的体验，而城市的社会氛围舒适性则确保了人们心理层面的舒适性，强调心理层面的体验。具体而言，城市社会氛围舒适性主要包括城市安全性、生活成本、城市开放性与包容性、城市拥挤程度等，社会氛围舒适性在西方比较受到重视，特别是包容性。社会氛围与个人心理层面的舒适度密切相关，良好的社会氛围有助于社会发展和经济效率的提高。

社会氛围舒适性评价指标体系如表 2－4 所示。

表 2－4　社会氛围舒适性评价指标体系

指标层	要素层	基础数据来源
社会氛围	大学及以上学历人口比例（%）	各城市统计年鉴
	城镇居民恩格尔系数	各城市统计年鉴
	城镇登记失业率（%）	各城市统计年鉴
	港澳台及外资企业比例（%）	各城市统计年鉴
	游客规模/市域人口	各城市统计年鉴
	商品房销售价格（元/km^2）	国家统计局（http：//www. stats. gov. cn）
	建成区人口密度（万人/km^2）	各城市统计年鉴

资料来源：笔者根据文献整理。

整体而言，与国外研究注重自然舒适性和社会氛围舒适性不同，国内学者更加关注城市人工舒适性，特别是交通便捷程度、文化教育设施以及医疗服务水平。这是由于国内外城市在经济社会文化等方面的差异所导致的。具体包括以下三个方面。

第一，经济发展阶段差异。西方国家是在其经济发展到一定水平之后才出现大规模人口因舒适性而迁移的现象。虽然中国已成为世界第二大经济体，但贫富差距仍然较大，寻求高收入仍是人口流动的主要原因，大部分人还不能遵循个人喜好进行迁移。同时，中国目前还处在治理污染的初期阶段，空气污染、水污染等问题严重，加之教育资源配置不合理，许多城市家庭都把子女教育摆在首位。

第二，城市化发展阶段差异。西方发达国家20世纪初就已进入相对稳定的城市化后期阶段，而中国正处在城市化加速发展阶段。随着城市化程度的提高，城市资源、基础设施和服务设施等各方面也将产生新的压力和需求。

第三，传统文化差异。住房不仅是中国人组建一个家庭的必需品，而且是一种心理归属。因此，一个城市的购房成本成为就业者是否会长期待下去的关键因素之一。同时，西方人因性格开放直率而好动，更喜欢亲近大自然，爱好户外运动；与此相比，中国人则平稳中庸，偏好室内休闲和热衷美食等休闲活动。

正是由于在经济发展阶段、城市化发展阶段和传统文化等方面的差异导致了国内外城市居民在舒适性方面的需求差异，使国内外学界在城市舒适性内涵以及指标体系遴选方面有所区别。

2.2 城市舒适性的评价方法

国内外学者主要通过以下3种方法测度城市舒适性的发展水平①：

第一，经济学家通常以租金、房地产价格、工资水平等反映城市的舒适性，并利用特征价格模型进行量化。20世纪70年代，微观经济学家开始开发测量城市舒适性的模型。其中，由Rosen（1979）提出的以不动产价值和工资建立的Hedonic价格模型被大多数学者所接受，该模型主张以房租和工资水平衡量城市舒适性水平。换言之，当一个城市拥有较高的舒适性时，人们将愿意支付相对高的房租并忍受相对低的收入来获取舒适

① 浩飞龙，张杰，王士君．国内外城市舒适性研究综述与展望．地理科学进展，2022，41（12）：2396－2409.

性①。此后，Hedonic 模型已经被广泛应用于城市舒适性的理论和实证研究中。Wen 等（2021）利用 2013～2016 年中国广州的住房数据构建了 Hedonic 模型和分位数回归模型，分析了购房者的景观偏好②。研究结果表明，购房者对景观偏好在住房市场中存在差异，景观的隐性价值在消费需求中大于在投资需求中，而投资购买者更容易受到景观舒适性的影响，并且景观舒适性具有分位数效应，高价住房的购买者愿意为高质量的景观支付更多费用。Wen 等（2021）认为随着城市生活水平的提高，人们对优质环境的需求不断提升，花园、河流等景观的舒适价值已转化为房价。在城市景观规划时，应统一合理布局，使不同阶层的居民尽可能公平地享受舒适性，避免高收入群体过度占用带来的社会问题。此外，在规划吸引力较弱的城市设施时，可以建立相关的补偿机制，以减少对周边房价的负面影响。

第二，利用问卷法和访谈，注重微观个体心理水平上的感觉。问卷调查和访谈法经常应用于城市舒适性对个人或企业区位选择影响的研究中。例如，Rik 等（2011）利用问卷方法对荷兰时装设计企业家的选址进行研究后发现，阿姆斯特丹所具备的时尚城市的声望、包容性的社会氛围、丰富的文化设施等是设计师考虑的主要因素③。Reuschke 和 Houston（2022）对爱丁堡的创业型小企业家选址决策的研究发现，创业型企业家倾向于居住在综合设施齐全、环境优美的郊外或国际化的地区，工作场所选择国际大城市地区或高水平的专家高度集中的地方④。Arntz 等（2023）基于德国 2125 名受访者的样本进行了一项陈述偏好选择实验，结果表明，通过舒适性方面的城市政策作为改善城市当地技能构成的效用取决于收入和流动性

① Rosen S. Wage－based indexes of urban quality of life//Mieszkowski P，Straszheim M. Current issues in urban economics. Baltimore，USA：Johns Hopkins University Press，1979：74－104.

② Wen H，Li S，Hui E C M，et al. Purchase Motivation，Landscape Preference，and Housing Prices：Quantile Hedonic Analysis in Guangzhou，China. Journal of Urban Planning and Development，2021，147（3）：04021033.

③ Rik W T，Atzema O，Frenken K. Urban amenities and agglomeration economies? The locational behaviour and economic success of Dutch fashion design entrepreneurs. Urban Studies，2011，48（7）：1333－1352.

④ Reuschke D，Houston D. The intra－urban residential and workplace locations of small business owners. Journal of Urban Affairs，2022，44（7）：926－948.

的差异，投资城市舒适性设施仍然是吸引技术工人的主要手段，但是可能会助长技能较低的工人对社会的排斥性，因此公共政策应设法减少限制低技能人员流动性和负担能力方面的障碍①。在实证研究中，问卷调查和访谈法常与特征价格模型一起使用，将城市舒适性水平的量化特征与微观个体的心理感受相结合，更加全面地探索舒适性水平及其影响机制。

第三，根据舒适性的内容构建评价指标体系。在特征价模型和问卷访谈等方法的基础上，国内外学者根据城市舒适性的内涵，积极探索测度城市舒适性水平的要素，逐步建立并不断完善评价指标体系。例如，Boyer 和 Savageau 较早建立了包括生活成本、犯罪、医疗、工作、交通、教育、艺术、休闲和气候等 9 个指标在内的城市舒适性评价指标体系。此后，研究表明社会氛围舒适性，即多样性和包容性有助于城市的增长和发展。在此基础上 Florida 提出波希米亚指数，主张在一个地区波希米亚人的存在和集中，能够吸引拥有其他类型人才或人力资本的个人，营造开放性、包容性、多样性的环境。人力资本的积累还能吸引以技术为基础的产业，促进创新的产出，进而促进城市的可持续发展。国内学者，如温婷、马凌和喻忠磊等在借鉴国外研究的基础上，基于中国国情，探索性地构建了中国城市舒适性的综合指标体系，从城市自然舒适性、城市人工舒适性和城市社会氛围舒适性等方面对中国城市舒适性概念框架及空间格局分异进行实证研究。研究结果表明中国城市舒适性总体上处于中等水平，各城市的舒适性水平呈现出较大的差距，综合城市舒适性从东部沿海到西部内陆逐渐降低，北上广深等大城市明显高于中西部城市。与国外城市强调自然舒适物不同，在城市中商业舒适物和交通便利程度是影响城市舒适性总体水平最重要的因素。卫生服务设施、文化舒适物、商业舒适物以及城市吸引力和宜居水平之间的相关性最高。说明目前中国经济增长模式仍主要以物质消费为主导，而人才流动更看重文化和消费设施的发达程度，以及卫生医疗水平和交通便利程度。

① Melanie Arntz，Eduard Brüll，Cäcilia Lipowski. Do preferences for urban amenities differ by skill? Journal of Economic Geography，2023，23（3）：541－576.

2.3　我国城市舒适性综合评价

城市舒适性的内涵随着城市供给与人的需求的变化而变化。本书基于国内外城市舒适性内涵及已有的评价指标，遵从以人为本原则、科学全面性原则以及数据可得性原则，构建了中国城市舒适性评价指标体系：包括气候环境舒适性、自然环境舒适性、教育文化舒适性、医疗卫生舒适性、交通条件舒适性、社会环境舒适性以及创新环境舒适性等 7 个要素层指标，以及 22 个计算层指标。并以 2011 ~ 2018 年中国 50 个主要城市为例（以人口规模为依据），计算我国城市的城市舒适性整体水平、类型结构及其空间分布特征。

2.3.1　指标体系构建原则

（1）以人为本原则。城市舒适性是面向人的需求的城市发展理论，因此应遵循以人为本的原则。本书基于创新人才的切实需求构建相关城市舒适性评价指标体系，形成吸引人才、培育人才、留住人才的闭环，从而推动城市发展。

（2）科学全面性原则。随着城市发展和理论研究的推进，城市舒适性的内涵也在不断发展，从最初的关注自然和气候要素的舒适性，到关注人工环境对城市发展和人才流动的影响。本书基于国内外城市舒适性内涵及评价指标相关研究成果，构建了面向创新人才需求的城市舒适性评价指标体系，并在阅读与总结大量前人相关研究的基础上，科学、全面地选取相关指标，测算不同城市的舒适性水平。

（3）数据可得性原则。数据可得性是综合评价的基础。本书在指标选取和构建的过程中，在保证指标科学性和全面性的基础上，也考量了数据的可获得性。除了利用现有的官方统计资料外，多途径地利用互联网和大数据，全面多方位地采集数据。

2.3.2 评价指标框架的构建

本书构建了包括气候环境舒适性、自然环境舒适性、教育文化舒适性、医疗卫生舒适性、交通条件舒适性、社会环境舒适性以及创新环境舒适性等7个要素层指标，以及22个计算层指标。

（1）气候环境舒适性（Climate Amenity）。气候环境舒适性是一个城市高度依赖的自然本底，包括湿度、气温、降雨等气候条件。许多学者将气候环境与自然环境归于一类，本书为了探索气候条件对人才流动决策的影响，将两者分开进行计算。Zheng（2016）选取了1月和7月平均气温、年平均降水量作为气候环境舒适性的表征①；喻忠磊等（2016）则选取了7月平均气温与人体最适宜温度之差、7月相对湿度与人体最适宜湿度之差、1月日照时数、1月平均气温等指标来衡量气候舒适性②。依据数据可得性原则，本书从中选择了1月和7月平均气温、全年日照指数以及全年降水量来表示各城市的气温条件和光热条件。

（2）自然环境舒适性（Natural Amenity）。自然环境舒适性主要指城市的自然景观环境，体现了城市生活的绿化环境、休憩空间以及空气质量等与人体生活舒适度息息相关的环境条件。马凌等（2018）选取了空气质量达到和好于二级的天数、建成区绿化覆盖率、人均公园绿地面积以及城市荣誉称号数等指标来进行计算。喻忠磊等（2016）选择生态用地比率、人均公园绿地面积来指代自然环境舒适性。本书根据数据可得性原则，主要选取了建成区绿化覆盖率、人均公园面积、全年PM2.5平均浓度以及空气

① Zheng L. What city amenity matter in attracting smart people? Papers in Regional Science，2016，95（2）：309－327.

② 喻忠磊，唐于渝，张华，等．中国城市舒适性的空间格局与影响因素．地理研究，2016，35（9）：1783－1798.

质量好于二级的天数等指标来对城市的绿化环境和空气质量进行表征。

（3）教育文化舒适性（Educational Amenity）。教育文化舒适性体现了城市在教育资源、城市人文氛围等方面供给的数量和质量。马凌等（2018）主要选取了博物馆、国家重点文物保护单位、普通高等学校、重点中学与最佳幼儿园数量等来体现城市文化氛围。喻忠磊等（2016）选取了中小学生师比、每百万人拥有剧场/影剧院数、每百人公共图书馆藏书等指标对教育文化舒适性进行衡量。温婷等（2016）则选择了人均“211”大学和“985”大学数、人均高质量中学数、城市历史文化指数等来对教育和文化舒适性进行计算。因此，根据数据可得性原则，本书借鉴选取了普通高校的数量、国际学校数量、博物馆数量以及人均图书馆藏书量等指标，并另外增加了国际学校数量来对教育文化舒适性进行全面衡量。

（4）医疗卫生舒适性（Medical Amenity）。医疗卫生舒适性体现了城市在医疗资源、卫生环境维护方面的投入和质量。马凌等（2018）选取了三甲医院、床位数来衡量城市卫生服务设施水平。温婷等（2016）选择了人均三甲医院数来对医疗条件进行计算。喻忠磊等（2016）则选取了每万人拥有的医疗床位数、每万人拥有的医师人数等。本书基于数据可得性，选取了每万人拥有床位数、每万人拥有医师数和三甲医院数量来对城市的医疗卫生舒适性进行衡量。

（5）交通条件舒适性（Traffic Amenity）。交通条件舒适性体现了城市的交通可达性和出行舒适性，马凌等（2018）选取了机场数、人均城市道路面积、轨道交通客运量、民用航空旅客发送量等来对城市的交通便利程度进行全面衡量①。温婷等（2016）则简单用市辖区道路网密度、对外交通通达性来进行笼统概括和表达②。喻忠磊等（2016）选取了每万人出租车拥有量、每万人公共汽车拥有量等来对城市公共服务中的交通要素进行

① 马凌，李丽梅，朱竑．中国城市舒适物评价指标体系构建与实证．地理学报，2018，73（4）：755－770.

② 温婷，林静，蔡建明，等．城市舒适性：中国城市竞争力评估的新视角及市政研判．地理研究，2016，35（2）：214－226.

衡量。本书基于对外交通和对内交通两个维度，选取了客运量、城市拥挤时数来表示城市交通的承载量和拥挤程度。

（6）社会氛围舒适性（Social Amenity）。社会氛围舒适性包括居民的价值观和态度、社会包容性、受教育程度、种族多样性、安全性等。Zheng认为大学及以上学历比例、种族多样性、每十万人犯罪率、高中辍学人数比例等可以在一定程度上衡量城市舒适性。马凌（2018）选取了离婚率、外商投资企业、每万人治安案件查处数作为社会舒适性指标。温婷等（2016）城市历史文化指数、居民受教育程度以及社会包容度等指代社会氛围环境。喻忠磊等（2016）则将大学及以上学历人口比例、城镇居民恩格尔系数、城镇登记失业率、港澳台及外资企业比例、游客规模/市域人口、商品房销售价格、建成区人口密度纳入其城市舒适性评价指标体系内。本书重点考虑了城市国际化程度和邻里居民素质来衡量社会氛围舒适性的水平，并在数据可得性的基础上，选取了入境游客数、每十万人大学生数等指标对社会舒适性进行评价。

（7）创新环境舒适性（Academic Amenity）。创新环境舒适性是针对科研创新人才的科研需求而设定的指标，主要体现了城市的科研氛围、科研条件以及科研能力等方面的舒适性。目前尚缺乏该层面的相关研究，本书综合考虑数据可得性、指标科学全面性等原则，从科研氛围、科研条件和科研成果等方面选取了科研经费投入、普通高校在校学生数以及专利申请受理数等对城市科研舒适性进行衡量。

城市舒适性评价指标体系如表2－5所示。

表2－5　城市舒适性评价指标体系

要素层	计算层	单位
气候环境舒适性（CA）	1月平均气温	摄氏度（℃）
	7月平均气温	摄氏度（℃）
	全年日照指数	小时（h）
	全年降水量	毫米（mm）

续表

要素层	计算层	单位
自然环境舒适性（NA）	建成区绿化覆盖率	%
	人均公园面积	m^2/人
	全年 PM2.5 平均浓度	$\mu g/m^3$
	空气质量好于二级的天数	Day
教育文化舒适性（EA）	普通高校的数量	个
	国际学校数量	个
	博物馆数量	个
	人均图书馆藏书量	千册/人
医疗卫生舒适性（MA）	每万人拥有床位数	张/万人
	每万人拥有医师数	人/万人
	三甲医院数量	个
交通条件舒适性（TA）	总客运量	万人次
	城市拥挤时数	h
社会氛围舒适性（SA）	入境游客数	万人
	每十万人大学生数	人
创新环境舒适性（AA）	科研经费投入	亿元
	普通高校在校学生数	人
	专利申请受理数	件

2.3.3　多指标综合评价方法

（1）标准化。为了消除指标数据量纲的影响，需要首先采用极差标准化对数据进行标准化的预处理。对于正向指标而言，数据标准化预处理的公式是：

$$Z_{ij} = \frac{x_{ij} - \min(x_{ij})}{\max(x_{ij}) - \min(x_{ij})} \tag{2-1}$$

针对正向指标而言，标准化处理的公式是：

$$Z_{ij} = \frac{\max(x_{ij}) - x_{ij}}{\max(x_{ij}) - \min(x_{ij})} \tag{2-2}$$

其中，Z_{ij}表示标准化后的指标值，i 表示样本城市个数，j 表示评价指标个数，x_{ij}为第 i 个城市的第 j 个指标值，min（x_{ij}）表示第 j 项指标数据的最小值，max（x_{ij}）表示第 j 项指标数据的最大值。

（2）确定权重。指标进行预处理后，需要依据指标数据的情况来确定权重。由于城市舒适性评价的指标构建体系比较复杂，指标性质多元，本书主要采用了熵值法来确定权重。计算步骤与过程为：

首先计算指标的比重，也就是将指标同度化，用 P_{ij}指代，表示第 j 个指标、第 i 个样本指标值的比重：

$$P_{ij} = \frac{x_{ij}}{\sum_{i=1}^{m} x_{ij}} \tag{2-3}$$

计算第 j 项指标的信息熵 e_j，计算公式为：

$$e_j = \frac{1}{\ln m \times \sum_{i=1}^{m} P_{ij} \ln P_{ij}} \tag{2-4}$$

计算第 j 项指标的差异性系数 g_j，计算公式为：

$$g_j = 1 - e_j \tag{2-5}$$

W_j 表示指标的权重，计算公式为：

$$W_j = \frac{g_j}{\sum_{j=1}^{n} g_j} \tag{2-6}$$

其中，i、j 分别表示城市个数与指标数量，m 表示所研究城市的总数，n 表示构建指标体系中指标的总个数。如果指标体系分层较多，则需要采用线性加权的方法，即先根据以上公式计算出初级指标的权重系数，再根据线性加权的方法计算出上一级指标加权后的值；然后以这个值为初始数据，再通过上述公式计算出该层指标的权重系数。

各指标权重的计算结果如表 2－6 所示。其中，社会环境舒适性（0.2007）的权重最高，创新环境舒适性权重（0.1854）和教育文化舒适性权重（0.1740）也较高，交通条件舒适性权重（0.1506）、医疗卫生舒适性权重（0.1342）和自然环境舒适性权重（0.1201）稍次，气候环境舒适性的权重（0.0349）最低。指标的变异程度与指标认同度和影响力呈正相关关系。社会环境舒适性指标权重最高，在一定程度上表明 52 个城市的国际化程度和居民素质方面相对差异程度较大，导致各城市的社会氛围存在较大的差异性。气候环境舒适性指标权重最低，说明 52 个城市的气温、日照等条件的相对差异程度小，导致气候环境对城市的舒适性所起的作用较小。其他指标权重的解释同义可知。

表 2-6　城市舒适性评价指标体系及其权重

要素层	计算层	权重
气候环境舒适性 0.0349	1 月平均气温	0.1841
	7 月平均气温	0.2568
	全年日照指数	0.4175
	全年降水量	0.1416
自然环境舒适性 0.1201	建成区绿化覆盖率	0.1408
	人均公园面积	0.6272
	全年 PM2.5 平均浓度	0.0713
	空气质量好于二级的天数	0.1607
教育文化舒适性 0.1740	普通高校的数量	0.2068
	国际学校数量	0.4885
	博物馆数量	0.1887
	人均图书馆藏书量	0.1161
医疗卫生舒适性 0.1342	每万人拥有床位数	0.1537
	每万人拥有医师数	0.1237
	三甲医院数量	0.7227
交通条件舒适性 0.1506	总客运量	0.8254
	城市拥挤时数	0.1746
社会环境舒适性 0.2007	入境游客数	0.7512
	居民素质	0.2488
创新环境舒适性 0.1854	科研经费投入	0.2418
	普通高校在校学生数	0.3400
	专利申请受理数	0.4182

综合评价。基于以上计算结果，城市舒适性综合评价的计算步骤是：

$$U_i = \sum W_j \times Z_{ij} \tag{2-7}$$

其中，U_i 表示城市 i 的舒适性水平，Z_{ij}和 W_j 分别表示按照线性加权求得的指标数值和指标权重系数。

2.3.4 城市舒适性评价结果

在构建城市舒适性指标的基础上，对中国排名前50位城市进行城市舒适性评价。本书主要选取2016年的城市指标数据进行计算，相关指标数据主要来自《中国城市统计年鉴（2017）》《中国城市年鉴（2017）》《中国城市建设统计年鉴（2017）》《中国城市经济年鉴（2017）》以及国家气象信息中心、各城市国民经济和社会发展统计公报、相关统计局网站等①。其中，国际学校数量数据来自远播教育网站的统计资料②。三甲医院数据来自好大夫网的统计资料③。

评价结果如表2－7所示。从城市层面来看，城市综合舒适性水平差异明显。其中，北京的城市舒适性最高（0.6500），其次为广州（0.5837）、上海（0.4953）和深圳（0.4418）。从区域层面来看，舒适性高的城市主要集中在东部地区，城市舒适性排名前10位的城市中有7个东部城市，其中有1个中部城市武汉（0.3283）排名第5位，以及2个西部城市重庆（0.3271）和成都（0.2927）分别排名第6和第7位。从行政等级上看，北京和上海两个直辖市的城市舒适性得分高于重庆和天津，舒适性排名前10位的城市中有9个城市为省会城市，其余一个为深圳市；且不同的省会城市的舒适性差异明显。

---

① 国家气象信息中心：http：//data. cma. cn/data.

② 远播教育网：http：//guoji. 114study. com/schools/.

③ 好大夫网：https：//www. haodf. com/yiyuan/beijing/list. htm.

表 2-7　　中国主要城市的舒适性评价

城市	UA	CA	NA	EA	MA	TA	SA	AA
北京	0.6500	0.0165	0.0326	0.1539	0.1114	0.0667	0.1034	0.1655
广州	0.5837	0.0231	0.0295	0.0857	0.0800	0.1270	0.1371	0.1014
上海	0.4953	0.0170	0.0199	0.1429	0.0676	0.0127	0.1202	0.1151
深圳	0.4418	0.0239	0.0458	0.0547	0.0340	0.0173	0.1730	0.0931
武汉	0.3283	0.0187	0.0200	0.0655	0.0521	0.0313	0.0665	0.0743
重庆	0.3271	0.0134	0.0245	0.0513	0.0603	0.0827	0.0288	0.0661
成都	0.2927	0.0093	0.0161	0.0679	0.0580	0.0235	0.0556	0.0623
南京	0.2904	0.0196	0.0273	0.0486	0.0512	0.0228	0.0476	0.0732
天津	0.2846	0.0152	0.0101	0.0541	0.0520	0.0352	0.0332	0.0847
杭州	0.2842	0.1700	0.0223	0.0569	0.0560	0.0261	0.0457	0.0598
东莞	0.2810	0.0225	0.1003	0.0244	0.448	0.0237	0.0352	0.0307
西安	0.2812	0.0120	0.0142	0.0528	0.0477	0.0267	0.0486	0.0790
苏州	0.2775	0.0141	0.0232	0.0478	0.0276	0.0626	0.0366	0.0656
贵阳	0.2534	0.0085	0.0382	0.0301	0.0402	0.0940	0.0207	0.0216
郑州	0.2323	0.0139	0.0098	0.0489	0.0463	0.0254	0.0308	0.0573
沈阳	0.2231	0.0186	0.0222	0.0341	0.0484	0.0318	0.0370	0.0309
长沙	0.2212	0.0156	0.0191	0.0390	0.0502	0.0204	0.0333	0.0436
青岛	0.2191	0.0232	0.0293	0.0369	0.0316	0.0214	0.0295	0.0472
福州	0.2149	0.0188	0.0445	0.0261	0.0457	0.0258	0.0266	0.0274
济南	0.2102	0.0173	0.0111	0.0464	0.0530	0.0038	0.0306	0.0480
哈尔滨	0.2056	0.0152	0.0185	0.0451	0.0564	0.0102	0.0200	0.0401
宁波	0.2052	0.0178	0.0286	0.0343	0.0282	0.0257	0.0311	0.0394
合肥	0.2008	0.0163	0.0243	0.0347	0.0359	0.0226	0.0292	0.0377
无锡	0.1988	0.0209	0.0291	0.0306	0.0294	0.0283	0.0194	0.0412
大连	0.1934	0.0150	0.0301	0.0388	0.0308	0.0200	0.0358	0.0229
太原	0.1927	0.0158	0.0203	0.0341	0.0478	0.0159	0.0363	0.0225
温州	0.1909	0.0173	0.0328	0.0329	0.0300	0.0448	0.0094	0.0238
南昌	0.1899	0.0190	0.0262	0.0318	0.0383	0.0161	0.0282	0.0302
昆明	0.1890	0.0141	0.0353	0.0320	0.0347	0.0146	0.0343	0.0240
厦门	0.1857	0.0153	0.0400	0.0185	0.0253	0.0224	0.0530	0.0110
长春	0.1828	0.0195	0.0236	0.0282	0.0376	0.0193	0.0261	0.0284
呼和浩特	0.1597	0.0159	0.0364	0.0271	0.0349	0.0049	0.0309	0.0095

续表

城市	UA	CA	NA	EA	MA	TA	SA	AA
烟台	0.1570	0.0257	0.0281	0.0258	0.0254	0.0180	0.0133	0.0207
兰州	0.1560	0.0132	0.0199	0.0223	0.0372	0.0134	0.0303	0.0198
南宁	0.1495	0.0147	0.0338	0.0203	0.0344	0.0113	0.0186	0.0165
泉州	0.1495	0.0156	0.0333	0.0189	0.0149	0.0272	0.0159	0.0236
绍兴	0.1480	0.0174	0.0323	0.0143	0.0197	0.0225	0.0129	0.0292
金华	0.1436	0.0174	0.0247	0.0193	0.0216	0.0310	0.0167	0.0129
镇江	0.1425	0.0196	0.0249	0.0158	0.0171	0.0268	0.0196	0.0186
佛山	0.1397	0.0195	0.0225	0.0125	0.0305	0.0163	0.0251	0.0132
石家庄	0.1393	0.142	0.0155	0.0355	0.0140	0.0181	0.0147	0.0273
徐州	0.1248	0.0152	0.0213	0.0101	0.0249	0.0347	0.0560	0.0130
湖州	0.1231	0.0203	0.0269	0.0125	0.0157	0.0267	0.0133	0.0076
海口	0.1217	0.0210	0.0325	0.0064	0.0221	0.0107	0.0235	0.0056
扬州	0.1188	0.0206	0.0258	0.0107	0.0120	0.0220	0.0157	0.0118
咸阳	0.1168	0.0144	0.0097	0.0124	0.0281	0.0372	0.0094	0.0057
泰安	0.1166	0.0240	0.0176	0.0278	0.0195	0.0121	0.0054	0.0102
三亚	0.1059	0.0158	0.0391	0.0047	0.0151	0.0206	0.0096	0.0010
秦皇岛	0.1036	0.0158	0.0261	0.0084	0.0128	0.0195	0.0130	0.0079
开封	0.0966	0.0141	0.0107	0.0135	0.0210	0.0287	0.0046	0.0040

进一步通过 SPSS 22.0 软件对评价结果进行聚类分析，可将城市分为 5 类（见表 2－8）。其中，北京为第一类，广州、上海为第二类，深圳、武汉、重庆等 10 个城市为第三类，贵阳、郑州、沈阳、长沙、青岛等 21 个城市为第四类，南宁、泉州、绍兴、金华、镇江、佛山等 15 个城市为第五类。

表 2－8　　中国主要城市舒适性的聚类分析

类别	城市	依据	比例
第一类	北京	0.5837～0.6500	1.9%
第二类	广州、上海	0.4686～0.5837	3.8%
第三类	深圳、武汉、重庆、成都、南京、天津、杭州、东莞、西安、苏州	0.2639～0.4686	19.2%

续表

类别	城市	依据	比例
第四类	贵阳、郑州、沈阳、长沙、青岛、福州、济南、哈尔滨、宁波、合肥、无锡、大连、太原、温州、南昌、昆明、厦门、长春、呼和浩特、烟台、兰州	0.1505～0.2639	40.4%
第五类	南宁、泉州、绍兴、金华、镇江、佛山、石家庄、徐州、湖州、海口、扬州、咸阳、泰安、三亚、秦皇岛、开封	0.0830～0.1505	32.7%

根据聚类分析的结果显示，北京属于第一类城市，其教育文化舒适性、医疗卫生舒适性和创新环境舒适性均排名第一位，远高于其他城市。北京作为我国的政治、经济、文化中心，积聚了丰富的资源，如教育、文化、医疗、学术科研等，形成了多元的社会文化景观。据统计，2016 年北京共有普通高校数量 91 所，国际学校 91 所，三甲医院 73 所，全社会科研经费投入达 1 479.8 亿元，申请专利数达 18.9 万。但总体来说，北京的气候环境舒适性和自然环境舒适性水平远低于其他指标（横向对比）及其他城市（纵向对比），这与北京所处的地区区位以及人为原因导致的空气污染有很大的关系，空气质量达到二级以上的天数仅 198 天，全年 PM2.5 浓度高达 73。北京整体呈现“低自然舒适性—高教育科研舒适性”的局面，舒适性的组间结构差异较大。对于人才而言，丰富的资源与多元的社会氛围能够提高其生活品质，良好的创新环境与高校数量为其职业发展提供了诱人的条件，在现实情况中，很大一部分人才愿意牺牲一部分环境体验而追求精神层面的富足。

广州和上海属于第二类城市，其教育文化舒适性、医疗卫生舒适性、社会氛围舒适性和创新环境舒适性水平较高，尤其是广州，其交通条件舒适性排名第一位。上海是我国四大直辖市之一，同时也是国际经济、金融、贸易、航运、科技创新中心等五大中心城市，不仅集聚了高质量的教育、医疗、基础设施设备条件，其国际化气质和开放的城市性格更吸引了众多人才的流入，形成了正向的马太效应。2016 年上海拥有 64 所普通高校，且其中“985”高校4所，“211”工程院校11所，国际学校数量102所，教育氛围浓郁、教育实力雄厚。而广州是我国首批沿海开放城市，也是国际商贸中心、国际综合交通枢纽、国家综合性门户城市，是粤港澳大湾区、泛珠江三角洲经济区的中心城市以及“一带一路”的枢纽城市；广州的人类发展指数居中国第一位，由此也提升了整体的城市舒适性。多元的文化氛围和开放、国际化的城市性格会吸引更多具有国际化视野的人才。

第三类城市包括深圳、武汉、重庆、成都、南京、天津、杭州、东莞、西安和苏州等10个城市，这类城市具有较高的教育文化舒适性，除东莞市外，其余城市的舒适性得分均排名前13位。这10个城市中，有6个东部城市、3个西部城市和1个中部城市，且有7个省会城市。就气候舒适性而言，成都市和西安市的得分最低，成都因为日照时长的影响，西安则是因为地理位置、年降水量的影响；就自然舒适性而言，天津市得分最低，这与其绿化环境、公园面积等因素相关；就教育文化舒适性和创新环境而言，东莞市的得分最低，主要因为东莞的普通高校数量偏少，进而科研投入和相关的科研成果偏少；就社会氛围而言，重庆的舒适性得分最低，主要因为重庆的居民素质，即每十万人的大学生数量远低于其他同等级城市。

第四类城市包括贵阳、郑州、沈阳等21个城市，其中14个省会城市，从地区分布看包括8个东部、5个中部城市、4个西部城市和4个东北地区城市。其中，郑州的科研舒适性最高，但因其自然环境舒适性较低，因此总体水平不高；厦门的自然环境舒适性和社会氛围舒适性较高，其他舒适性结构处于中等水平；哈尔滨和济南的医疗卫生舒适性相对最高，但交通条件舒适性较弱。总之，从数据分析可知，这些城市各类舒适性的差异较大，排名分布较为零散。

第五类城市包括南宁、泉州、绍兴等15个城市，其中2个省会城市，从地区分布上看包括14个东部城市、3个西部城市和1个中部城市。这类城市的教育条件、医疗环境、社会氛围、科研基础等舒适性普遍低于其他城市。三亚的自然环境舒适性相对最高，南宁、泉州、绍兴以及海口的自然环境舒适性也相对较高。石家庄的国际学校数量较高。绵阳市的气候环境、社会氛围等排名最后，其科研条件和教育环境舒适性也低于其他城市，因此综合城市舒适性排名较落后。

第3章　城市舒适性与创新发展

影响城市创新的因素多种多样，不仅包括研发资金投入、基础设施等物质要素，还受市场环境、金融环境、制度环境等创新环境的影响[①]，高技能人才和创意工作者是城市创新发展的重要资源[②]。城市舒适性理论认为高品质城市环境是吸引人才集聚的重要因素，因而间接推动城市创新发展[③④]。多元文化、宽容的社会环境和多样化生活方式等舒适性吸引受过高等教育的劳动力，尤其是创新人才，而人才集聚又反过来对创新型企业产生强大的吸引力，从而推动城市创新发展。因此，探索城市舒适性与城市创新之间的相互关系已成为城市与区域发展研究的重要命题之一。

3.1　城市舒适性与创新发展

现有研究针对创新发展的驱动因素已展开了大量研究，普遍认为城市

---

① Crescenzi R, Rodríguez - Pose A. The geography of innovation in China and India. International Journal of Urban and Regional Research, 2017, 41 (6): 1010 - 1027.

② Cooke P. Regional innovation, entrepreneurship and talent systems. International Journal of Entrepreneurship and Innovation Management, 2007, 7 (5): 117 - 139.

③ 项本武，杨晓北．中国城市便利性对城市人口增长的影响研究．城市发展研究，2017，24 (2)：146 - 150.

④ 陈鹏鑫，朱妮娜，何金廖等．舒适性视角下流动人才居留意愿空间差异及影响因素——以长三角城市群为例．华东经济管理，2023，37 (7)：22 - 30.

与区域创新发展需要投入大量研发（R&D）资金和人力资本[①②③④]。然而，仅投入研发资金和人力资本绝不足以推动区域创新发展。因此，第二种观点认为由于集聚经济的存在，创新在经济总量大的地区更有成效。新经济地理学强调集聚经济是经济增长和创新发展的主要动力[⑤⑥]。一方面，人力资本和经济的集聚有助于加快信息传递。另一方面，地理邻近性促进了面对面的交流，增强了产业黏性，有利于知识经济发展[⑦]。大量经验证据也证明了集聚经济对产生新知识的有效性，通过地理邻近性产生的空间溢出效应也能促进创新[⑧⑨⑩⑪⑫]。此外，第三种观点认为城市与区域创新过程与当地的文化制度和组织结构息息相关。Fitjar 和 Rodríguez – Pose（2015）认为，地方经济组织结构构成了区域创新的条件，制度环境和社会因素是促进知识创新与传播的助推剂；而贸易则扮演着"全球知识管道"的角色，

---

① Griliches Z. Issues in assessing the contribution of research and development to productivity growth. The bell journal of economics，1979，10（1）：92 – 116.

② Gordon I R，McCann P. Innovation，agglomeration，and regional development. Journal of economic Geography，2005，5（5）：523 – 543.

③ Kafouros M，Wang C，Piperopoulos P，et al. Academic collaborations and firm innovation performance in China：The role of region – specific institutions. Research Policy，2015，44（3）：803 – 817.

④ Crescenzi R，Rodríguez – Pose A. The geography of innovation in China and India. International Journal of Urban and Regional Research，2017，41（6）：1010 – 1027.

⑤ Fujita M，Thisse J F. Does geographical agglomeration foster economic growth? And who gains and loses from it. The Japanese Economic Review，2003，54（2）：121 – 145.

⑥ Low L. From Agglomeration to Innovation：upgrading industrial clusters in emerging economies. Asian – Pacific Economic Literature，2010（2）：178 – 179.

⑦ Morgan K. The exaggerated death of geography：learning，proximity and territorial innovation systems. Journal of economic geography，2004，4（1）：3 – 21.

⑧ Gordon I R，McCann P. Innovation，agglomeration，and regional development. J Econ Geogr，2005，5（5）：523 – 543.

⑨ Kafouros M，Wang C，Piperopoulos P，et al. Academic collaborations and firm innovation performance in China：the role of region – specifc institutions. Res Policy，2015，44（3）：803 – 817.

⑩ Agrawal A，Kapur D，McHale J. How do spatial and social proximity influence knowledge flows? Evidence from patent data. Journal of urban economics，2008，64（2）：258 – 269.

⑪ Rong Z，Wu X，Boeing P. The effect of institutional ownership on firm innovation：Evidence from Chinese listed firms. Research Policy，2017，46（9）：1533 – 1551.

⑫ Wu J，Zhuo S，Wu Z. National innovation system，social entrepreneurship，and rural economic growth in China. Technological Forecasting and Social Change，2017，121（8）：238 – 250.

地方能够通过贸易获取外部知识进而提升自身创新能力[①②③]。

基于以上观点，学者们逐渐认识到地方创新环境（如舒适性因子）对于区域创新的推动作用。Zandiatashbar 和 Hamidi（2018）探索性地分析了城市舒适性对于美国知识经济的影响，发现交通可达性、文化多样性和社会宽容度是影响美国地方知识经济的重要因素[④]。何金廖等（2018，2019）以南京为研究区，发现景观舒适性、休闲和创意合作网络机会是解释南京摄影工作室空间集聚的重要因素[⑤⑥]。吕拉昌等（2022）探究了城市舒适性空间差异与创新能力的关系，发现北京城市舒适性与创新能力存在正相关关系，但不同舒适性要素对创新能力的作用不同，文化教育要素影响最大，交通便利性和社会氛围次之[⑦]。Zhang 等（2020）认为自然和消费舒适性与区域创新正相关[⑧]。Ji 和 Wang（2022）研究发现地方生活环境对于高技术产业创新效率具有显著的正向影响，且这种影响具有明显的空间溢出效应和区域异质性[⑨]。

城市舒适性主要通过吸引人才和提升工人效率两条路径来推动区域创新发展。第一，城市舒适性通过吸引和留住人才来影响区域创新发展。

---

① Fitjar R D，Rodríguez – Pose A. Networking，context and firm – level innovation：cooperation through the regional flter in Norway. Geoforum，2015，63（7）：25 – 35.

② Agrawal A，Kapur D，McHale J. How do spatial and social proximity influence knowledge flows？Evidence from patent data. Journal of urban economics，2008，64（2）：258 – 269.

③ Kafouros M，Wang C，Piperopoulos P，Zhang M. Academic collaborations and firm innovation performance in China：the role of region – specifc institutions. Res Policy，2015，44（3）：803 – 817.

④ Zandiatashbar A，Hamidi S. Impacts of transit and walking amenities on robust local knowledge economy. Cities，2018，81：161 – 171.

⑤ He J，Huang X，Xi G. Urban amenities for creativity：An analysis of location drivers for photography studios in Nanjing，China. Cities，2018，74（11）：310 – 319.

⑥ He J，Liu H，Salvo A. Severe air pollution and labor productivity：Evidence from industrial towns in China. American Economic Journal：Applied Economics，2019，11（1）：173 – 201.

⑦ 吕拉昌，于英杰，栾惠．北京城市舒适性、差异性与创新能力的关系．地理科学，2022，42（1）：115 – 125.

⑧ Zhang M，Partridge M D，Song H. Amenities and the geography of innovation：evidence from Chinese cities. The Annals of Regional Science，2020，65（1）：105 – 145.

⑨ Ji Y，Wang Z. Impact of local living environment on innovation efficiency of high – tech industries in China：A spatial analysis. Environmental Science and Pollution Research，2022，29（48）：73563 – 73576.

Florida 认为在当地其他条件不变的情况下，城市舒适性吸引人才，进而吸引高科技产业，最终产生更多的区域创新。然而，这种因果关系基于两个先决条件：首先，高技能人才具有地域流动性；其次，高技能人才的供给是有限的，意味着这些人才的劳动力市场会受到其区位选择的影响。在这种情况下，高新企业将被吸引到高技能工人供应较多的地区，许多研究都实证了这一结论[①②③]。第二，城市舒适性通过提升工人生产率来影响区域创新。个人情绪和创造力可能与所在地城市舒适性和文化有关。拥有开阔空间、良好气候、湖泊环绕、绿地和消费服务的地方可能会拥有更快乐的员工和更高的生产率[④]。Carlino 和 Saiz（2019）认为环境、美学和娱乐设施与休闲舒适性相辅相成，能够提高心理福利，从而提高人们的工作效率[⑤]。反之，当存在不舒适性因素时，会增加焦虑和无聊感，降低人才资本回报，不利于区域创新[⑥]。

总之，学者们对于城市舒适性与区域创新之间关系的认识逐渐深入，主要有两个可能的作用机制：一是城市舒适性通过吸引人才来影响区域创新；二是城市舒适性通过提升人才工作效率来提升区域创新能力。然而城市舒适性内涵丰富，且需要考虑行业异质性，未来应展开更多细分领域的研究，比较分析城市舒适性对不同产业部门的影响差异。

---

① Glaeser E L, Kolko J, Saiz A. Consumer city. Journal of economic geography, 2001, 1 (1): 27 - 50.

② Adamson D W, Clark D E, Partridge M D. Do urban agglomeration effects and household amenities have a skill bias. Journal of Regional Science, 2004, 44 (2): 201 - 224.

③ Li M, Goetz S J, Partridge M, et al. Location determinants of high - growth firms. Entrepreneurship & Regional Development, 2016, 28 (1 - 2): 97 - 125.

④ Wu W, Dong G. Valuing the "green" amenities in a spatial context. Journal of Regional Science, 2014, 54 (4): 569 - 585.

⑤ Carlino G A, Saiz A. Beautiful city: Leisure amenities and urban growth. Journal of Regional Science, 2019, 59 (3): 369 - 408.

⑥ Sun C, Zheng S, Wang J, et al. Does clean air increase the demand for the consumer city? Evidence from Beijing. Journal of Regional Science, 2019, 59 (3): 409 - 434.

3.2　城市舒适性、创意氛围与创意产业集聚

经济地理学家通常使用集聚经济（agglomeration economies）来解释产业集聚，集聚经济的发生主要来自专业化劳动力的供应、运输成本的节约和知识溢出效应三大方面[①②③④]。这种理论框架很好地解释了工业时代福特主义生产体系下的产业集聚机制，例如，意大利北部制造业集群的形成原因[⑤]。然而，随着知识经济时代的来临，以往基于劳动力、土地和资本等传统要素驱动的生产逻辑逐渐向基于人才、技术和知识的创新驱动转移，涌现出了以柔性化和垂直不整合生产模式为特征的文化创意产业[⑥]。在此背景下，传统产业集聚理论难以解释文化创意等新兴产业的集聚原因，关注人才特殊需求的城市舒适性理论因而引起了经济地理学者的注意，包括Florida、Glaeser、Gottlieb等代表性学者。

以文化创意产业为主的新经济最突出的一个特征是知识密集型。文化创意产品以文化、创意理念为核心，是人的知识、智慧和灵感在特定行业的价值化表现，人才构成了产业发展的基石。文化创意产业的特征也决定了特殊的空间分布模式。何金廖等（2014）通过实地调研和GIS方法发现上海创意产业集群主要分布在核心城区、老工业区、高校周边、中央商务

---

① Marshall, A. Principles of Economics. London: Macmillan, 1920.

② Porter M E. Locations, clusters, and company strategy. The Oxford handbook of economic geography, Oxford: Oxford University Press, 2000.

③ Parr J B. Agglomeration economies: ambiguities and confusions. Environment and planning A, 2002, 34 (4): 717 – 731.

④ 王缉慈．超越集群．北京：科学出版社，2010.

⑤ Gordon I R, McCann P. Industrial clusters: complexes, agglomeration and/or social networks?. Urban studies, 2000, 37 (3): 513 – 532.

⑥ Scott A J. Cultural economy and the creative field of the city. Geografiska Annaler: series B, human geography, 2010, 92 (2): 115 – 130.

区（CBD）以及娱乐和旅游区[①]。伍杨屹等（2022）以上海为研究区，探究了城市舒适性对本地生产性服务业的吸引作用，发现文化创意产业比其他生产性服务业具有更强的空间集聚性[②]。Smętkowsk 等（2021）研究发现创意型先进生产性服务业分支机构则更倾向于聚集在市中心周边地区——尤其是拥有高品质城市空间的活力区域，或者是周边的非商业区[③]。

城市舒适性对文化创意产业集聚的影响机理研究已然是当前经济地理学的热点之一。其中最具代表的学者 Florida 认为大城市的包容社会氛围、种族多样性和文化多样性等对创意人才有极强的吸引力，而文化创意产业的雇员大部分是创意人才，因此文化创意产业的空间集聚特征在很大程度上是由城市舒适性所驱动的[④]。这一推断不仅解释了文化创意产业为何集聚，还解释了为什么其总出现在大城市中。类似地，Gottlieb 等（1995）发现，与员工居住地相关的城市便利设施影响着企业的选址决策[⑤]。Wenting（2011）以荷兰时装设计师为例探究时装设计业集聚的内在机理，基于调查问卷发现城市舒适性比集聚经济更能解释荷兰时装设计师的区位选择行为，进一步影响时装设计公司的空间集聚，证实了 Florida 的观点[⑥]。

城市舒适性对城市“创意氛围”（creative milieus）的形成也发挥着关键作用，例如，在 Florida（2002b）和 Wojan（2007）等学者创立的波希米亚指数中，大部分指标都可归属于城市舒适性指标，包括艺术需求的测度（如在大学注册的人数）、社区多元性（如外国人比例）、气候（如温度）、

---

① He J L，Gebhardt H. Space of creative industries：A case study of spatial characteristics of creative clusters in Shanghai. European planning studies，2014，22（11）：2351－2368.

② Wu Y，Wei Y. D，Li H，et al. Amenity，firm agglomeration，and local creativity of producer services in Shanghai. Cities，2022，120（1）：103421.

③ Smętkowski M，Celińska－Janowicz D，Wojnar K. Location patterns of advanced producer service firms in Warsaw：A tale of agglomeration in the era of creativity. Cities，2021，108（1）：102937.

④ Florida R. The rise of the creative class. New York：Basic books，2002.

⑤ Gottlieb P D. Residential amenities，firm location and economic development. Urban Studies，1995，32（9）：1413－1436.

⑥ Wenting R，Atzema O，Frenken K. Urban Amenities and Agglomeration Economies. Urban Studies，2011，48：1333－1352.

景观和聚落等。类似地，Scott（2010）提出了创意氛围的六要素：（1）一个由当地的传统、规范制度和共同记忆组成的空间体系；（2）一个能折射和支持那些带有奇异想法的视觉景观空间；（3）一套为全体市民（特别是创意工作者）提供休闲、娱乐和熏陶等相关形式的休闲机会的基础设施；（4）一个马赛克式的居住社区，其中包含有市民需求的住房和其他的设施服务；（5）一个包容的教育和培训制度框架；（6）一个完善的职场社交网络，为创意工人提供交流与工作相关的最新信息、技术以及其他知识的渠道。这些要素都是城市舒适性的重要组成部分。

城市舒适性理论对于文化创意等新兴产业集聚机理解释的适用性已被大部分学者所证实，但因城市舒适性概念内涵广泛、文化创意产业部门以及国家之间的差异性，也有学者对城市舒适性的解释力进行了质疑。Smętkowsk 等（2021）以波兰首都华沙为研究区，探究不同先进生产性服务业（APS）之间的区位差异，发现“专业型”APS 分支机构更倾向于市中心以及一般的商业区，而“创意型”APS 分支机构则更倾向于聚集在市中心周边地区——尤其是拥有高品质城市空间的活力区域或者是周边的非商业区，发现文化娱乐舒适性对于先进生产性服务业区位分布没有显著影响，对强调文化娱乐舒适性的创意经济研究进行了质疑①。然而，Smętkowsk 等对于城市舒适性的质疑可能来自其对舒适性的界定，舒适性内涵不仅只包括文化娱乐设施，华沙市中心周边地区拥有良好的交通条件，这本身就是一种舒适性。

总之，越来越多的学者认识到城市舒适性对于人才吸引、创意产业集聚和区域发展的推动作用，并且在研究尺度和领域方面不断细化，目前已形成几个共识：（1）文化创意产业的空间集聚模式与传统产业不同，难以运用传统产业集聚理论来解释；（2）文化创意产业的核心在于创意人才，不同于以往的“人随产业走”，文化创意产业更多的是“产业随着人走”；

① Smętkowski M, Celińska - Janowicz D, Wojnar K. Location patterns of advanced producer service firms in Warsaw: *A tale of agglomeration in the era of creativity*. Cities, 2021, 108 (1): 102937.

(3) 城市舒适性是通过吸引创意人才的流动来影响文化创意产业的空间集聚。

3.3 经典案例：美国阳光地带的崛起

美国的阳光地带（Sun Belt）是一个典型的基于舒适性发展起来的创新区域。阳光地带一般指美国北纬37°以南地区，大致范围是：西起太平洋沿岸的加利福尼亚州，东到大西洋沿岸的北卡罗来纳州，北至密西西比河中游，南到墨西哥湾沿岸的一个区域。阳光地带之意为：南部“日照充足，气候温和，适宜人类居住地带”，亦有“这一地带各行各业蓬勃发展，经济日趋繁荣”之含义。这些城市以阳光充足、气候宜人、自然环境优美、经济发展迅速等特点而闻名于世。

根据各类定义，位于阳光地带内的美国主要城市包括亚特兰大、达拉斯、休斯敦、拉斯维加斯、洛杉矶、迈阿密、新奥尔良、奥兰多和凤凰城。然而，也有人将阳光地带的定义扩展到了北部城市丹佛、罗利格杜勒姆、孟菲斯、盐湖城和旧金山。纵观美国历史，特别是在第二次世界大战之后，阳光地带见证了这些城市以及其他许多城市的人口增长，并一直是美国社会、政治和经济的核心地区。尽管阳光地带一词直到1969年才被广泛使用，但自第二次世界大战以来，美国南部一直在增长。这主要得益于当时许多军事制造业的工作岗位正从美国东北部（被称为铁锈地带的地区）转移到南部和西部。第二次世界大战后，南部和西部的增长进一步持续，后来在20世纪60年代末，当墨西哥和其他拉丁美洲移民开始北上时，增长地带扩展到美墨边境附近。

政治分析家凯文·菲利普斯（Kevin Phillips）在1969年出版的《新兴共和党多数党》（*The Emerging Republican Majority*）一书中首次使用了“太阳带”一词，该词在20世纪70年代初成为美国南部三分之一地区的代名词。在这一时期，美国的经济和政治中心从中西部和东北部转移到了南部和西部。温暖的气候、墨西哥工人移民以及农业繁荣等因素是阳光地带繁荣发展的主要因素。除了来自美国以外地区的移民，20 世纪 70 年代，阳光地带的人口也包括来自美国其他地区的移民，特别是佛罗里达州和亚利桑那州的退休人员从北部各州转移到南部。温暖的气候不仅刺激了农业增长，还促使许多退休人员迁移到该地区的退休社区，尤其是佛罗里达州和亚利桑那州。例如，亚利桑那州的城市，那里的气温有时会超过 100 华氏度（37 摄氏度）。亚利桑那州凤凰城 7 月的平均气温为 90 华氏度（32 摄氏度），而明尼苏达州明尼阿波利斯市的平均气温略高于 70 华氏度（21 摄氏度）。阳光地带温和的冬天也使该地区对退休人员具有吸引力，因为这里大部分地区全年相对舒适，可以让他们逃离寒冷的冬天。在明尼阿波利斯，1 月的平均气温略高于 10 华氏度（-12 摄氏度），而在菲尼克斯，则为 55 华氏度（12 摄氏度）。尽管有学者认为阳光地带的崛起并不直接由该地区温暖的气候决定的，但阳光舒适性无疑是该地区拥有的优越自然条件之一①。

在产业方面，航空航天、国防和石油等行业在阳光地带蓬勃发展。由于优越的自然条件、相对包容的产业制度（该地区受工会的影响较小），以及靠近消费者等原因，初创企业更愿意选择该地区进行创业。例如，新兴的高科技和文化创意产业一直是加利福尼亚州、佛罗里达州、得克萨斯州等地区的增长动力。此外，石油资源助推了得克萨斯州经济增长，而军事设施吸引了科技产业、国防工业和航空航天公司前往西南部和加利福尼亚州的沙漠，有利的天气促进南加州、拉斯维加斯和佛罗里达州等地的旅游业蓬勃发展。

其中，位于加利福尼亚州的旧金山湾区（San Francisco Bay Area）是美国的科技创新的中心地带。湾区的三个主要城市代表着不同的产业集群，

① Glaeser E L., Tobio K., *The Rise of the Sunbelt*. 2007 Working paper, DOI 10.3386/w13071.

分别由不同的行业主导。旧金山是该地区旅游业和金融业的发源地，也是众多国际会议的举办地。东湾以奥克兰为中心，是重工业、金属加工、石油和航运的发源地，而圣何塞是硅谷的中心，是科技行业经济活动的主要支柱。此外，北湾是美国农业和葡萄酒产业的主要集聚地。总地来说，湾区是财富500强公司第二集中的地区，多达30余家，仅次于纽约大都会区。湾区同时还是全球市值最大的十家公司中多家公司的所在地，包括谷歌、脸书、苹果股份有限公司、克罗克斯、惠普、英特尔、Adobe，Applied Materials、易趣、思科、赛门铁克、网飞等。在科研院所方面，美国国家航空航天局的艾姆斯研究中心和联邦研究机构劳伦斯·利弗莫尔国家实验室分别位于山景城和利弗莫尔。在北湾，纳帕县和索诺马县以其著名的酒庄而闻名，包括 Fantesca Estate&Winery、Domaine Chandon California 和 D'Agostini Winery。

近年来，阳光地带也遇到了一些问题。例如，该地区的经济繁荣一直不均衡，在美国人均收入最低的25个大都市地区中，有23个位于阳光地带。此外，洛杉矶等地的快速增长造成了各种环境问题，其中最严重的问题之一便是空气污染，从而对该地区优越的舒适性环境提出了挑战。

尽管阳光地带最近出现了经济问题，但美国南部和西部（构成阳光地带的地区）仍然是美国增长最快的地区。2000～2018年，增长最快的第一大地区西部人口变化了12.1%，而第二大地区南部人口变化了11.5%，这使阳光地带自20世纪60年代以来一直是美国最重要的增长地区之一。

第4章 城市舒适性与人才流动

创新与创意人才的空间流动和集聚机制研究一直是国外城市与经济地理领域的研究热点，然而国内相关的文献还很稀缺。其原因一方面在于国内学者主要把关注焦点放在产业集群、企业和组织关系、产业政策等层面，极少有学者关注创意行为主体“人”本身。另一方面，国内现有文献大多受传统人口迁移模型的影响，在研究创新型人才流动和空间集聚机制时仍然采用古典经济学理论，如推拉理论、成本收益等，这些理论对于人口迁移和传统职业的劳动力空间流动具有很强的解释力。然而，对于新兴创意人才来说，传统区域要素往往不能进行很好的解释。对此，美国经济地理学家 Florida 提出了著名的创意阶层理论；类似地，美国城市地理学家 Scott 在解释创意空间的形成机理时提出了著名的创意场域（creative field）理论。城市舒适性理论（urban amenities）为解释包括创意人才在内的创新型高端人才的空间流动和集聚机制提供了新的研究思路。

4.1 经济学视角下人才流动机制研究

随着知识经济时代的来临、信息技术革命和经济形态的变化，人才资源对于城市和区域经济发展起到了越来越重要的作用。城市学家简·雅各布斯指出，城市发展的原动力源于地理上邻近的多样性产业及其与密集的人力资本共存。经济学家 Lucas 等（1999）的研究也表明人力资本的集中能提高生产效率，推动区域经济增长[①]。经济地理学家 Florida（2002）通过进一步研究发现，人力资本是经济发展的核心资本，尤其是那些敢于创新、富有创造力的人群更是创新的主体，对城市经济社会可持续发展起着决定性作用。此外，他还提出创意阶层这一概念，并深入研究创意阶层对城市和区域发展的影响，提出创意资本的概念[②]。在当前全球经济的背景下，创意经济已经成为各国竞争力的重要标志，而创意人才作为创意产业不可或缺的核心资源和生产要素，他们的创造力和创新能力能够带来新的商业模式和创新产品，对于推动创意经济的发展具有不可替代的作用；同时，随着全球化、信息化和数字化的快速发展，人才的流动也成为经济发展的重要推动力。

人才流入被认为是区域增长的动力之一，根据 Musterd 和 Murie（2009）的人才流动研究，资本、交通、通信、就业机会和制度环境是影响人才流动的硬条件，城市建成环境质量和城市设施是影响人口流动的软条件[③]。创意资本理论指出，创意人才在地理空间的流动性比非创意人才要更加频繁[④]。在经济地理版图上总是存在人才的净流入区和净流出区。到底哪些因素造成了人才在区域间的流动？学术界针对此问题的探讨一直没有间断过，如人力资本理论、推拉理论及“3T”（Technology，Talent，Tolerance）及“3S”（Skills，Sun，Sprawl）理论都对人才流动核心成因进行了解释。

4.1.1 人力资本理论

20世纪五六十年代，国外学者在研究当时西欧、美国、日本等地区经

① Lucas R E. On the mechanics of economic development. Quantitative Macroeconomics Working Papers, 1999, 22 (1): 3-42.

② Florida R. The Rise of the Creative Class. New York: Basic Books, 2002.

③ Musterd S, Murie A. Making competitive cities. Pathways Actors and Policies. London: Blackwell, 2009.

④ 王荣欣．中国创意阶层的空间流动．广东省社会科学院，2014.

济时发现，传统的经济理论不足以解释这些地区经济的快速增长。他们开始将人力资源看成是与物质资源等同的生产要素来解释经济增长，不断完善并逐渐形成了现代人力资源理论。诺贝尔经济学奖获得者、美国著名经济学家舒尔茨（Theodore W. Schultz）以美国经济学会会长的身份在第 73 届经济学年会上发表了《人力资本投资》（*Investment in human capital*）的重要演讲，对人力资本的观点作了系统的阐述，是其人力资本理论形成的重要标志之一①。他认为资本不仅是有形的物质资本，也体现在劳动者身上形成的无形资本，即形成人力资源从而增加国家的资本存量来影响经济增长。与舒尔茨从宏观层面分析不同，加里·贝克尔（2016）则从家庭和个人的微观层面对人力资本展开探讨，他认为除了知识、才干和技能外，健康、寿命、生育、婚姻等因素均会对人力资本形成影响，用于增加人的能力并提高收入的投资都是人力资本投资②。此后，经济学家对人力资本理论进行了不断丰富和发展，如西方经济学家认为人力资本具有产权唯一性，人力资本的所有权仅限于拥有它的人，它只能够不可分地属于其载体，并结合资本资产定价模型，提出了人力资本的定价理论，还有学者采用博弈论、信息经济学等理论在动态环境中研究人力资本问题等。

4.1.2　推拉理论

推拉理论认为流动行为的发生是流出地与流入地的推力和拉力共同作用的结果。英国学者 Ravenstein（1885）在“*The Laws of Migration*”中提出了人口迁移 7 条规律，奠定了推拉理论的基础③。其后，赫伯尔（R. Herberle，1938）正式提出，人口流动是由一系列力量引起的，包括流出地的“推

① Schultz，T W. Investment in human capital. American Economic Review，1961，51（1）：1 - 17.

② 加里·贝克尔．人力资本．北京：机械工业出版社，2016.

③ Ravenstein E G. The laws of migration. Journal of the Statistical Society of London，1885，48（2）：167 - 198.

力”和流入地的“拉力”。当一个人的需求在原住地得不到满足时，他就可能打算迁到另一个地方；另外，即使他对目前处境满意，但是如果其他地方存在更大机会也可能促使他流动[①]。赫伯尔（1998）同时指出，流动行为的“推力”“拉力”不是单一因素，而是若干因素的综合[②]。Bogue（1958）概括出系统的推拉理论，认为人口迁移是两个相反方向相互作用力的结果：一个是迁出地的推力；另一个是迁入地的拉力[③]。Lee（1966）将迁出、迁入地相关因素及个人因素和介入障碍融合形成“迁移四因素”模型，指出迁出地和迁入地可能同时存在推力与拉力因素[④]。

推拉理论完整概括了影响人口流动的多重因素，得到了学界认可。国内学者运用推拉理论解释了高职院校教师、国内外大学生、少数民族等类型的人才流动。例如，秦健等（2022）[⑤] 运用推拉理论分析中部地区高层次人才的流动，发现文化资本缺位、教条化认知逻辑下的人才歧视、个人价值难以实现等因素形成了“推出”效应，造成中部地区高层次人才流动失衡，但是表层情感需求、中层行为逻辑需求、深层次思想需求又对高层次人才“再嵌入”中部地区形成了“拉力”效应。推拉理论已广泛应用到经济学等领域，运用推拉理论解释人才就业的地区选择、劳动力空间分异与流动机制等，为区域人口流动的动机、影响机理及经济社会效应等研究提供理论基础。然而，在解释包括创意人才的流动时，传统基于经济因素考虑的推拉理论已不能很好地提供解释，创新与创意人才更多地受到区域舒适性因子的影响。

---

① 李竞能．现代西方人口理论．复旦大学出版社，2004.

② 段成荣．人口迁移研究原理与方法．重庆：重庆出版社，1998.

③ Bogue D J, Streams of Migration Between Subregions：A Pilot Study of Migration Flows between Environments. Population，1958，13（2）：328－345.

④ Lee E S. A theory of migration. Demography，1966，3（1）：47－57.

⑤ 秦健，周红莉．推拉理论视野下中部地区高层次人才流动影响因素及治理分析——以 ZZ 市为例．决策科学，2022，2（2）：46－53.

4.1.3 “3T”与“3S”理论

有学者观察到商业机会、创新环境、基础设施等情景因素对创意阶层区域分布的影响①②，尤其是近年来诸如区域宽容度、文化多样性、社会开放度等软环境因素受到青睐③④。2002 年 Florida 提出创意阶层概念，并在“*Cities and the Creative Class*”等书中提出发展创意经济的“3T”理论，即人才（Talent）、技术（Technology）、包容（Tolerance），基本逻辑为“包容吸引人才、人才创造科技”。Florida 认为知识经济时代创意人才是经济发展主要推动力，而创意人才倾向聚集于多样化与包容度较高的地区，因此，相对于地方的经济吸引力，Florida 等认为区域创新氛围和对社会包容度越高的地区越能吸引和培养创意阶层；区域自然环境和基础设施也是吸引创意阶层的重要因素⑤⑥。Florida 的“3T”理论虽然奠定了其在创意人才研究领域的学术地位，但也遭到经济学界和政策制定者的质疑。区域经济学教授 Glaeser（2008）指出，虽然他认可 Florida 提出的人才与技术对经济发展的重要性，但真正促进经济发展的因素是“3S”要素，即技能（Skills）、阳光（Sun）和城市蔓延（Sprawl）。“3S”理论强调创意阶层对地点质量的重视，并指出阳光地带是吸引创意阶层的一个重要因素。从某种程度上来说，Glaeser 是城市舒适性理论的代表人物，他认为消费主义城

① Houston D, Findlay A, Harrison R, et al. Will attracting the “creative class” boost economic growth in old industrial regions? a case study of Scotland. Geografiska Annaler: Series B, Human Geography, 2008, 90 (2): 133 - 149.

② Mcgranahan D A, Wojan T R, Lambert D M. The rural growth trifecta: outdoor amenities, creative class and entrepreneurial context. Journal of Economic Geography, 2011, 11 (3): 529 - 557.

③ Lazzeretti L, Innocenti N, Capone F. The impact of related variety on the creative employment growth. Annals of Regional Science, 2017, 58 (3): 495 - 512.

④ 张可云，赵文景．区域经济增长、“3T”假说与创意阶层分布——基于省际动态面板数据的系统 GMM 估计．中国地质大学学报：社会科学版，2017，17（4）：17 - 127.

⑤ 洪进，余文涛，杨凤丽．人力资本、创意阶层及其区域空间分布研究．经济学家，2011，153（9）：28 - 35.

⑥ Glaeser E L, Tobio K. The Rise of the Sunbelt. Southern Economic Journal, 2008, 74 (3): 609 - 643.

市作为一种生活方式，通过对生活质量的强调和对城市舒适性的塑造来吸引创意人才集聚。

总的来说，这些理论为人才流动提供了很好的理论基础。除此之外，组织寿命理论、迁移新经济学理论以及普莱斯模型和莫布雷中介链模型等也被用来解释人才流动的现象。

4.2　舒适性视角下创意人才流动与集聚机制研究

创意人才是指具有创造性思维、创新思维、视野开阔、沟通协作能力强、团队合作意识强、多元文化素养和独立自主精神等创新型人才。Florida（2002）①将创意人才界定为具有高学历且从事文化艺术、文艺表演、创造性教育或专业技术人员等创意职业的工作者。按照 Florida 对创意阶层的定义，创意阶层可以划分为两大类群体，即“核心创意群体”（creative core）、“创造性的专门职业人员”（creative professionals）。其中，核心创意群体是指那些在科技、建筑和设计、教育、艺术、音乐以及娱乐等领域的工作者，其经济职能是创造新理念、新技术和（或）新的创意内容。而创造性的专门职业人员分布于商业和金融、法律、卫生保健等相关领域。Peck（2005）在对 Florida 的研究成果进行评析的基础上，提出创意阶层是具有无形创造能力、行为难以预测、崇尚宽松多样和开放团体氛围等基本特征的群体。国内对创意人才的研究源于国外学者对创意阶层的探讨，受历史传统和社会体制影响，国内在人力资源上较少使用“阶层”这一含义，在借鉴与引用上习惯使用“人才”这一说法②。王丽艳在其研究中将创意人才定义为从事科研类、信息技术类、教育类、文化艺术类、法律类、

① Florida R. The rise of the creative class：And how it's transforming work，leisure，community and everyday life. New York：Basic Books，2002.

② 林剑，李中斌. 创意人才研究述评. 经济问题探索，2012，363（10）：165－171.

金融类、管理类职业的劳动群体。李津（2007）从人才类型来界定概念，认为创意人才是指以自主知识产权为核心、以“头脑”服务为特征、以专业或特殊技能为手段的精英人才①。蒋三庚、王晓红等（2009）借鉴国外职业说和行为说的观点，将创意人才定义为“拥有高水平知识和创新能力，能够将自己的创作技能和手段，把特有的表达内容和信息转换为有形产品或无形服务的群体”②。

创意人才不仅是创意产业发展的关键，也是推动现代社会发展的重要力量之一。创意人才作为创新思想的提出者、创新活动的执行者、创新领域的开拓者，其集聚水平对城市创新发展的重要性不言而喻。因此，提升城市对创意人才的吸引力是城市实现创新发展的重要任务。学术界关于创意人才流动的研究主要包含两种观点，其中利用人口迁移的一般理论解释高素质人才在城市中的流动，这种观点主要强调了经济发展水平和可达性对人口迁移的影响；另一种观点则认为创意人才在区域间的流动不仅会考虑经济机会，而且还会追求更为舒适的城市环境和更高的生活质量。2000 年，卡内基梅隆大学的研究人员发现，教育程度越高者在考虑就业时对生活质量的关注度越高。Florida 也认为创意人才倾向于舒适性高的城市，即富有多样性、市民态度宽容、有多种生活方式可供选择的城市集中的趋势。

新经济与文化产业对创意人才的高度依赖性，以及市场结构的垄断竞争性，使得创意人才的区位偏好和城市区位与环境之间的匹配关系变得非常重要。城市舒适性对创意人才流动具有重要的驱动作用。具体来说，城市舒适性可以通过以下几个方面对创意人才流动产生影响。

（1）生活环境：城市舒适性的提高可以改善城市的生活环境，如加强环境卫生和绿化、改善居住和工作条件等，从而降低生活成本和生活负担，增强人们的生活品质和满意度，吸引更多的创意人才流动到城市。

---

① 李津．创意产业人才素质要求与胜任力研究．科学学与科学技术管理，2007，311（8）：193－195.

② 蒋三庚，王晓红，等．创意经济概论．北京：首都经济贸易大学出版社，2009.

（2）文化氛围：城市舒适性的提高可以培育和营造丰富多彩的文化氛围和活动，如艺术展览、音乐会、文学活动等，从而丰富人们的文化生活，激发创意人才对城市的认同感，促进创意人才流动。

（3）产业环境：城市舒适性的提高可以改善产业环境，如提供良好的创意产业基础设施、鼓励优质创新和科技服务、提供良好的创业和就业机会等，从而吸引更多的创意人才流动到城市。

（4）城市形象：城市舒适性的提高可以改善城市的形象和声誉，如缓解城市交通拥堵、优化城市规划和建设、提高城市安全环境等，从而增强人们对城市的信任和认可度，吸引更多的创意人才流动到城市。

创意人才为了不断创造新知识，往往通过自我学习和团队合作的方式来组合新知识、新方法，从而推动创意源的一次又一次的革新。然而，创新的特性也决定他们崇尚自由、宽松和开放的环境，不愿意受规则或权威的约束。追求工作与生活的平衡、推崇弹性工作时间、热衷“无领”和“创意”办公。这些特性也使创意人才的流动性更大，创意阶层具有较高的生活品质，对区域人文环境和商业环境具有苛刻的要求。一旦创意环境发生变化或发现自己的工作没有价值和挑战性，创意阶层便会选择离开，寻找适合于自己生活和发展的地方，也被称为“脚底板滑动”的人群（footloose group）。创意人才流动机制是指各种因素相互作用形成的致使创意人才从一个地方到另一个地方的流动模式和规律，流动机制的形成受到多种因素影响，其中主要包括政府主导机制、企业主导机制和个人自主机制。

（1）政府主导机制。政府主导机制是指政府采取各种措施来引导和促进创意人才流动的机制。例如，政府可以通过优惠政策、税收政策、人才引进计划等方式来吸引和留住创意人才，提高城市和区域的吸引力和竞争力。Houston等（2008）指出苏格兰地区并不像欧洲其他地区一样出现“智力外流”（brain - drain）现象，相反出现了大批量的“智力内迁”（brain - gain），其主要原因在于该地区能为创意阶层提供良好的工作机会，以及更加便捷、有品质的生活保障①。良好的经济环境有利于吸引创意阶层②。

（2）企业主导机制：企业主导机制是指企业采取各种措施来引导和促进创意人才流动的机制。例如，企业可以提供良好的职业发展与评价机制、灵活的薪酬制度、优秀的企业文化、良好的工作环境等，吸引和留住创意人才。

（3）个人自主机制：个人自主机制是指个人根据自身的能力和需求自由选择创意产业和所在的城市进行发展和生活的机制。创意人才普遍具有高学历、高素质、高能力的特点，其培养具有长期性、系统性和综合性等特点。因此，在创意人才流动方面，创意人才更关注于自我价值的实现，更愿意从事的创意活动需要较频繁的合作交流、较复杂的社会网络以及较强的创新意识与创造能力。在生活方式上，创意人才崇尚多样性的文化消费，注重参与式体验，喜欢开放且便利的城市环境，创意人才具有多元文化素养，在接受不同文化的影响下，能够创造出跨越文化、语言甚至国界的创意产物。Sanchez－Moral（2017）在对西班牙的创意人才流动机制的探讨中指出创意人才的流动与城市人口和经济活动指数密切这些硬条件相关，这些条件所产生的集聚经济以及基于密集城市环境中为创意人才的职业发展提供的工作机会和社交网络都对创意人才的流动产生了较大的吸引力，除此之外，城市当地文化和休闲设施也与创意人才的流动呈现出明显的正相关关系③。Olfert 和 Partridge（2011）的研究指出创意阶层越有意愿集聚

① Houston D, Findlay A, Harrison R, et al. Will attracting the "creative class" boost economic growth in old industrial regions? a case study of Scotland. Geografiska Annaler: Series B, Human Geography, 2008, 90 (2): 133－149.

② Qian H. Talent, creativity and regional economic performance: the case of China. The Annals of Regional Science, 2010, 45 (1): 133－156.

③ Sanchez－Moral S, Arellano A, Diez－Pisonero R. Interregional Mobility of Talent in Spain: The Role of Job Opportunities and Qualities of Places During the Recent Economic Crisis. Environment and Planning A: Economy and Space, 2017, 50 (4): 789－808.

在宽容性、多样性、便利性越高的区域①。

总而言之，创意人才不仅是知识的学习者、承载者，也是知识的创造者，对城市与区域经济发展具有重要作用。随着越来越多的国内外学者对城市舒适性理论的关注，从城市舒适性视角研究创意人才流动的研究成果正在日益丰富。

4.3　城市舒适性视角下人才空间集聚研究案例

国内外学者基于城市舒适新理论，分别针对不同类型的创新与创意人才进行了大量实证研究。其结论一方面证明了城市舒适性对各类人才的流动机制具有很强的解释力；另一方面，也发现了不同类型的人才对城市舒适性的偏好具有异质性。例如，Rappaport（2007）和 Motoyama 等（2022）在对高技能劳动者研究时发现，高技能人才在迁移时均倾向于选择拥有宜人气候、休闲娱乐设施丰富、公共基础设施完备、居民受教育程度较高、人口种族更加多样化、收入不平等程度较低的城市②③。刘晔等（2013）认为高技能人才的流动涉及经济、社会、政治和文化等各方面的综合影响，认为城市宜居性是人口流动的关键因素④。邱等（Khoo et al.，2010）指出，发展中国家人才考虑更多的是职业发展，而发达国家人才考虑更多的是流入国的生活方式和生活质量，城市宜居性被认为是后工业时代人口流动的关键因素⑤。周亮等（2019）以中国科学院 755 名院士为例，运用核

---

① Olfert M R，Partridge M. Creating the cultural community：ethnic diversity vs. agglomeration. Spatial Economic Analysis，2011，6（1）：25－55.

② Rappaport J. Moving to nice weather. Regional Science and Urban Economics，2007，37（3）：375－398.

③ Motoyama Y，Desai S. Stickiness of entrepreneurs：An exploratory study of migration in two mid－sized US cities. Small Business Economics，2022，58（4）：2139－2155.

④ 刘晔，沈建法，刘于琪．西方高端人才跨国流动研究述评．人文地理，2013，28（2）：7－12.

⑤ Khoo S E，Mcdonald P，Hugo V G. A Global Labor Market：Factors Motivating the Sponsorship and Temporary Migration of Skilled Workers to Australia. International Migration Review，2010，41（2）：480－510.

密度分析与流动指数等空间分析方法，系统分析了中国顶尖学术型人才的空间分布特征及求学、就业与工作地变更三种空间流动规律，发现院士主要流向以京沪苏省市为主的大城市，其中国家重大战略需求、区域科研政策、经费支撑、科研环境、生活环境、成就感与认同感以及“落叶归根”思想和科研坚守情怀都影响着院士流动的发生[①]。窦旺胜等（2023）考虑了城市舒适性对青年流动人口城市选择影响的研究中发现，由教育环境、医疗环境、社会环境、生态环境、居住环境以及基础设施等指标体系构成的城市宜居指数对于青年流动有显著的正向影响，为享受流入地优质的宜居环境、便捷的基础设施与完善的公共服务，青年流动人口会选择流向舒适性更高的城市[②]。Waal（2013）通过城市舒适性视角，在荷兰大都市聚集数据的基础上，研究得出先进的生产性服务公司（创业者）更倾向于定居在文化设施丰富的地方[③]。何金廖等（2021）通过国内设计师社交平台获得设计创意人才数据，研究发现城市舒适性中的文化基础设施、文化遗产、文化旅游、高素质人力资本、温暖的气候与良好的空气质量是提升城市对创意人才吸引力的重要因子[④]。此外，部分创意人才迁移过程中会考虑城市形象，例如，时装设计师倾向于选择拥有时尚之都美誉的城市[⑤]。余文涛等（2019）研究中发现区域的人文环境对于创业型创意阶层表现出显著的积极影响，区域的生态环境质量越好越能吸引专家创意阶层[⑥]。张雅宁等（2022）选取厨师创意群体为研究对象，收集名厨流动信息后发

---

① 周亮，张亚．中国顶尖学术型人才空间分布特征及其流动趋势：以中国科学院院士为例．地理研究，2019，38（7）：1749－1763.

② 窦旺胜，秦波，郝美竹，等．中国青年流动人口城市选择的空间特征及影响因素．地理研究，2023，42（5）：1234－1247.

③ Waal J V D. Cultural Amenities and Unemployment in Dutch Cities. Urban Studies，2013，50（14）：2869－2885.

④ 何金廖，彭珏，胡浩．设计创意人才的空间集聚及其影响机理研究——基于城市舒适性视角．地理科学，2021，41（9）：1525－1535.

⑤ Buch T，Hamann S，Niebuhr A，et al. What makes cities attractive？The determinants of urban labour migration in Germany. Urban Studies，2014，51（9）：1960－1978.

⑥ 余文涛，吴士炜．基于异质性视角的创意阶层区域分布的影响因素．北京理工大学学报（社会科学版），2019，21（4）：64－72.

现，城市舒适性对不同类型的创意人才的影响具有差异，城市舒适性并非传统行业创意人才流动的核心因素①。

总之，创新与创意人才流动是复杂的决策行为，而城市舒适性为人才流动偏好研究提供了很好的视角，其中，城市文化环境、教育资源、自然环境以及基础设施等因素成为创新人才流向选择的向心力，而空气污染等环境问题会对人才就业城市选择具有显著负向影响，城市舒适性的重要性也被提升到前所未有的高度。以下将通过两个典型的案例来具体展示城市舒适性视角下的人才流动机制研究。

4.3.1　案例 1：音乐人才的空间集聚及机理分析

（1）研究背景。

音乐人才作为新兴的创意阶层，在促进城市文化产业发展、塑造地方性音乐景观、丰富民众精神文化生活等方面具有重要作用。2015 年 12 月，国家新闻出版广电总局发布《关于大力推进我国音乐产业发展的若干意见》，标志着我国将音乐产业发展提升至国家层面。2020 年，我国音乐产业规模达到 4000 亿元，其中数字音乐产业保持了 8% 以上的增速，成为新的经济增长点。以歌手、词曲作者、制作人、乐器演奏家为代表的音乐人才一方面通过不断创作音乐作品和举办现场演出为当地经济带来直接收益；另一方面，借助现代数字技术平台、广告营销、综艺类节目等方式发展音乐衍生经济，间接助推包括粉丝经济、流量经济在内的新经济爆发式增长②。音乐产业已成为我国文化领域拉动内需、促进就业、推进国民经济增长转型升级的重要引擎之一③。

① 张雅宁，张旭．传统创意群体的流动网络与影响因素——以中国名厨为例．热带地理，2022，42（11）：1890－1903.

② Markusen A. Creative cities：a 10－year research agenda. Journal of Urban Affairs，2014，36（s2）：567－589.

③ 蓝轩．中国音乐产业 40 年：回顾与展望．民族艺术研究，2021，34（5）：94－101.

地理学和音乐学领域学者的研究表明，地方音乐舒适性对音乐人才和音乐产业的分布具有重要影响。Florida 通过对美国地区音乐家和音乐机构区位分布的研究，发现随着时间推移音乐家和音乐产业呈现出日益集聚的趋势。其原因在于对于文化产品这一类无形产品的需求具有较高的不确定性，因此以音乐家为代表的文化工作者可以通过空间间距降低交易成本和风险，实现正外部性效应[1][2]。这些特定地理位置通过地方音乐舒适性对音乐人才产生影响。

已有研究从音乐流派、音乐场景、现场演出和线下经济效益四个方面证实了地方音乐舒适性对音乐家的重要意义：第一，音乐流派的产生和演化与特定的地理位置相关。早在 1987 年，乔建中等人基于不同地区特殊的地理位置、方言方音和历史文化等方面划分了中国音乐文化色彩区[3][4][5]。西方文化地理学家则根据音乐家出生地研究乡村、布鲁斯和柴迪科舞曲等音乐流派的地理分布，并提出不同城市应根据自身文化特色制定策略以吸引特定流派的音乐家[6][7][8]。第二，音乐场景（music scenes）的性质影响着独立音乐家内部的社会融合和工作环境的质量[9]。本地音乐场景由唱片公司、工作室、音乐媒体和音乐场地等辅助音乐产业基础设施构成。酒吧等场地通过社交环境和音乐空间塑造音乐文化，并与特定音乐风格共同发展。而本地的展演场所（venues）作为观众与表演者相遇的地方，有时可以象

---

① Caves R E. Contracts between art and commerce. Journal of Economic Perspectives, 2003, 17 (2): 73 - 83.

② Gill R, Pratt A. In the social factory: Immaterial labour, precariousness and cultural work. Theory, Culture & Society, 2008, 25 (7 - 8): 1 - 30.

③ 杨匡民．民歌旋律地方色彩的形成及色彩区的划分．中国音乐学，1987（1）：105 - 117，2.

④ 吴永生，冯健，张小林．中国民歌文化的地域特征及其地理基础．人文地理，2005（2）：88 - 92.

⑤ 乔建中．论中国传统音乐的地理特征及中国音乐地理学的建设．中央音乐学院学报，1998（3）：3 - 9.

⑥ Carney G O. T for Texas, T for Tennessee: The origins of American country music notables. Journal of Geography (Houston), 1979, 78 (6): 218 - 225.

⑦ Strait J B. Geographical study of American blues culture. Journal of Geography, 2010, 109 (1): 30 - 39.

⑧ Kuhlken R. The geography of zydeco music. Journal of Cultural Geography, 1991, 12 (1): 27 - 38.

⑨ Hracs B J, Grant J L, Haggett J, et al. A tale of two scenes: civic capital and retaining musical talent in Toronto and Halifax. The Canadian Geographer, 2011, 55 (3): 365 - 382.

征一个城市的音乐身份，如格拉斯哥著名的阿波罗（Apollo）被认为拥有世界上最好的观众，曼彻斯特的The Haçienda、纽约市的CBGB和西雅图的Crocodile Café等场地都是当地音乐场景的核心。这些植根于地方音乐设施的音乐场景吸引着音乐家和音乐相关场景参与者的合作与集聚，并在此产生音乐品位和流派。第三，展示本地音乐舒适性的另一方面是现场表演[①]。“现场性（liveness）”使音乐家和表演者可以接近观众、信息传递者和时尚引领者。现场演出保留本地元素的同时创建了一个围绕本地和跨本地连接的互惠合作网络和本地场所。通过场地编排和当地表演的持续支持，这些联系成为现场当地身份（local identity）的一部分。因此地理位置本身就是音乐基础设施的重要组成部分[②]。它们驱动着职业生涯早期或中期寻求曝光机会的音乐家前往参与本地性演出。此外，音乐节有时也作为地方旅游资源对游客群体中的音乐人才产生吸引力[③④]。第四，线下收益是音乐家的重要经济来源。自20世纪90年代以来，数字技术改变了传统商业模式和组织结构，压缩音乐文件或MP3的出现带来传统唱片和专辑音乐的贬值。与此同时，巡演等现场音乐活动不再是专辑营销的一部分，而是音乐家新的核心收入来源。既有的实证研究表明，专辑销量下降与演唱会数量增加呈现反比关系[⑤]。Hracs在对哈利法克斯音乐家的访谈中发现，音乐家的收入中3.4%来自销售CD，48.5%来自现场表演。因此，稳定且报酬更高的表演机会既是吸引音乐人才迁移的重要原因，也是城市音乐舒适性的重要内容。

基于以上认识，本书认为在特殊的自然地理环境和历史文化背景下，

---

① Hracs B J, Seman M, Virani T E, et al. The Production and Consumption of Music in the Digital Age. London: Routledge, 2016.

② Florida R, Jackson S. Sonic city: The evolving economic geography of the music industry. Journal of Planning Education and Research, 2010, 29 (3): 310－321.

③ 王骏川，罗秋菊，林潼．嵌套的边界：节庆深度参与者群体认同构建——以迷笛音乐节的迷笛黔军为例．旅游学刊，2020，35（5）：139－150.

④ 吴少峰，戴光全．迷笛音乐节中循环新部落的联结与交往特质．旅游学刊，2019，34（6）：74－84.

⑤ Mortimer J H, Nosko C, Sorensen A. Supply responses to digital distribution: Recorded music and live performances. Information Economics and Policy, 2012, 24 (1): 3－14.

不同地区或城市可能孕育出独特的音乐文化氛围和产业生态，并对音乐人才的成长和迁移产生重要影响。具体而言，影响音乐人才城际迁移的舒适性应包括音乐基础设施、文化旅游资源、市民教育水平、公共服务、人居环境等各个方面。

（2）数据来源与方法。

本书选择 2012～2021 年“中国好声音”节目入围选手作为研究对象。“中国好声音”（又称中国新歌声）是浙江卫视推出的音乐评论节目，自 2012 年以来开播至今共十季，是中国音乐综艺节目的代表性作品，节目及选手均具有较高知名度。选手需要经过 4 轮海选（区、市、省、全国），全部通过者才有机会参加电视总决赛并播出。因此将其节目入围选手作为中国音乐人才群体的代表具有合理性。“中国好声音”2012 年开播至 2021 年（共十季）共有 584 名入围选手，本书基于节目官方网站、选手社交媒体账号和百度百科对入围选手的个人信息进行收集与整理，涉及选手姓名、性别、参赛时间、出生地、音乐学习地、现居地等。剔除部分信息不全数据，共得到 393 名选手的完整背景信息。

音乐舒适性因子数据主要来源于 2020 年《中国城市统计年鉴》和各城市统计公报。音乐专业院校名单来源于教育部公布的独立设置或参照独立设置本科艺术院校名单，全国重点文保单位数量来源于国家文物局网（ncha. gov. cn），录音棚数量来源于高德地图开放平台 POI 数据。此外，回归分析时考虑到数据可得性排除了港澳台地区等数据。

为了揭示音乐人才成长迁移的影响因子，本书采用负二项回归模型进行分析。被解释变量为迁入各城市学习、居住人才数量，为非零正整数计数数据，适用于泊松回归或负二项回归。由于本书的研究所使用的数据因变量方差和期望存在过度离散现象，因此采用负二项回归模型研究音乐人才迁移的影响因素。模型的设定如下：

$$\ln\lambda_i = \ln k_i + offset_i + \beta_0 + \beta_1 x_1 + \cdots + \beta_i x_i \quad (4-1)$$

其中，λ_i 是 Y_i 的估计参数，表示 i 城市的人才数量；x_i 表示 i 城市的解释变量；k_i 是过度离散的程度，服从均值为0，方差为 α 的 Gamma 分布，当 α 趋近于0时，负二项模型退化为泊松模型；β_0 为方程的常数；$offset_i$ 为模型中引入的抵消项。

（3）“中国好声音”学员空间分布特征分析。

“中国好声音”学员的空间分布存在明显的集聚指向，从出生地、学习地到现居地的区位基尼系数分别为0.4749、0.6489、0.7082。这表明学员的空间集聚趋势随着成长阶段的演化逐渐增强，中国城市在音乐人才吸引力方面存在非均衡分布。具体从不同成长阶段来看，学员的出生地多集中在长江流域，自西向东递减。上游城市（12.21%）中成都占比最高，为4.58%；中游城市（11.70%）中武汉占比最高，为4.58%；下游城市（8.14%）中上海占比最高，为2.29%。此外，东北（10.18%）和北京（3.56%）也是重要的音乐人才来源地。北方方言长期以来作为官话通行全国，对声乐作品传播和传统表演艺术具有不可忽视的影响[①]。而以川渝为核心的长江上游地区，一方面在移民运动中形成了包容开放的民间文化，音乐色彩斑斓、旋律风格多样；另一方面，律动感强、发音及韵脚丰富的方言体系有助于说唱音乐的传播[②③④]。

学员的音乐学习地具有更强集聚性。北京（15.52%）、成都（10.18%）、武汉（7.38%）及长三角省会（10.43%）等大城市是学员学习迁移的目的地。一方面可能与音乐类高校分布相关，如北京聚集了中央音乐学院、中国音乐学院等多所知名音乐专业院校，成都设有四川音乐学院，武汉设有武汉音乐学院等。另一方面也可能与城市音乐氛围相关，例如，有选手在采访中表示，其选择成都的理由是当地有较多的说唱社团。音乐活动、人

---

① 蔡际洲．文化地理学视野中的中国音乐家研究．中国音乐学，2005（2）：105－112.

② 乔建中．论中国传统音乐的地理特征及中国音乐地理学的建设．中央音乐学院学报，1998（3）：3－9.

③ Carney G O. T for Texas，T for Tennessee：The origins of American country music notables. Journal of Geography（Houston），1979，78（6）：218－225.

④ 陈敏．中国嘻哈文化的本土化及其启示．中华文化论坛，2013（7）：162－165.

才社群和音乐场景的存在构成了城市音乐氛围，为人才间的社交和学习提供机会。

学员的现居地高度集中在北京，共122名选手选择居住在北京，占总数的31.04%，而列居第二、第三位的上海和成都仅占8.40%、7.12%。其原因可能与城市的经济专业化水平、工作机会及城市环境相关①。北京作为首都，是多家知名传媒公司所在地，聚集了华纳音乐、环球唱片等多家音乐公司总部。此外，北京文化旅游发展水平高，能够满足音乐人才多样化的审美需求，为其提供创作灵感。

例如，中国好声音学员在学习与居住阶段的迁移分布及迁移轨迹。首先，学习迁移网络表现出明显的由分散到集中的过程，迁出城市分布较分散，迁入城市相对集聚。其中，出度最高的城市分布在东北地区及中西部地区，包括哈尔滨、延边朝鲜族自治州、凉山彝族自治州等少数民族较为集中的地区；入度高的城市节点则分布在北京、成都等大城市地区（见表4-1）。这一现象一方面表明中国音乐人才的集聚流动趋势，出生于偏远地区的音乐人才为满足其专业学习需求，从经济落后及音乐教育资源匮乏地区流向经济较发达的音乐高校所在城市。另一方面，也表明东北、川渝地区有着良好的地方音乐传统，是中国音乐人才的主要发源地。

其次，居住迁移网络的集中趋势更为显著。其中，出度高的城市集中分布在成都、北京、沈阳等地，这些城市往往也是知名音乐专业院校所在地；入度最高的城市则更加集聚在北京和上海等一线城市，且首位度非常明显，来源于成都、武汉、上海等城市的音乐人才相当一部分都流向了北京，表明北京是中国音乐人才定居迁移的中心城市（见表4-2）。此外，也有部分人才未发生城际居住迁移，即留在音乐学习地发展。其中，北京、成都两地留下了最多音乐人才，分别占总人数的11.70%、5.85%。前者可能是公司总部集聚产生的吸引力，后者则更有可能是城市音乐氛围、音乐

① Boren T，Young C. The migration dynamics of the “Creative Class”：Evidence from a study of artists in Stockholm，Sweden. Annals of the Association of American Geographers，2013，103（1）：195-210.

舒适性或城市舒适性对艺术家的吸引力。

最后，值得注意的是，部分城市尽管是学习迁移的目的地，但无法留住音乐人才长久定居，如南京、沈阳、武汉、天津和长春等城市，这些城市在学习迁移入度排名及居住迁移出度排名均进入前10名，但居住迁移入度排名较低。这表明大量音乐人才选择在该地学习音乐，但完成学业后迁出，这与Vossen等人结论一致①②。这些拥有知名音乐专业院校的城市尽管吸引初学者前往求学，但可能受限于当地劳动力市场规模小、音乐产业缺乏创新和成熟企业等原因，导致其对接受过音乐教育的成熟音乐人才吸收能力有限。

总之，无论是学习迁移还是居住迁移，音乐人才的城际迁移轨迹都表现出明显的从偏远地区向大城市集中的趋势。其中，学习迁移主要从具有良好的地方音乐传统的少数民族地区（如东北和川渝地区）向具有音乐高校集中的城市集聚，而居住迁移进一步加剧了中国音乐人才集中的趋势，以北京为中心的一线城市是中国音乐人才定居的主要目的地。

表4－1　　迁移出入度排名前15名城市

排序	学习迁移		居住迁移	
	出度	入度	出度	入度
1	哈尔滨市（6）	北京市（53）	成都市（17）	北京市（76）
2	延边朝鲜族自治州（6）	成都市（27）	北京市（15）	上海市（23）
3	凉山彝族自治州（5）	杭州市（13）	沈阳市（10）	成都市（5）
4	吉林市（5）	广州市（12）	武汉市（9）	广州市（5）
5	成都市（5）	南京市（12）	长春市（9）	深圳市（5）
6	台州市（4）	沈阳市（11）	哈尔滨市（7）	重庆市（4）

① Alfken C. Ich will nicht nach Berlin! – Life course analysis of inter – regional migration behaviour of people from the field of design and advertising. Environment and Planning A – Economy and Space, 2015, 47 (10): 2187 – 2203.

② Vossen D, Sternberg R, Alfken C. Internal migration of the ‘creative class’ in Germany. Regional Studies, 2019, 53 (10): 1359 – 1370.

续表

排序	学习迁移		居住迁移	
	出度	入度	出度	入度
7	沈阳市（4）	天津市（9）	南京市（6）	哈尔滨市（3）
8	泸州市（4）	上海市（8）	天津市（6）	西安市（3）
9	济南市（4）	武汉市（8）	广州市（6）	厦门市（3）
10	重庆市（4）	长春市（8）	西安市（6）	大连市（2）
11	泸州市（4）	深圳市（6）	上海市（4）	郑州市（2）
12	唐山市（3）	西安市（5）	杭州市（4）	泸州市（2）
13	丹东市（3）	哈尔滨市（4）	长沙市（4）	宜宾市（2）
14	齐齐哈尔市（3）	昆明市（4）	重庆市（4）	拉萨市（2）
15	上海市（3）	大连市（3）	乌鲁木齐市（4）	香港特别行政区（2）

表 4-2　　迁移频次最高的城市对

排序	学习迁移		居住迁移	
	节点对	频次	节点对	频次
1	成都→北京	4	成都→北京	7
2	沈阳→北京	3	长春→北京	7
3	哈尔滨→北京	3	武汉→北京	6
4	凉山州→成都	3	沈阳→北京	4
5	淮安→南京	3	西安→北京	4
6	吉林→长春	3	北京→上海	4
7	齐齐哈尔→沈阳	2	太原→北京	3
8	青岛→北京	2	南京→北京	3
9	哈尔滨→青岛	2	乐山→成都	3
10	盘锦→沈阳	2	武汉→上海	3
11	重庆→成都	2	天津→北京	3
12	呼和浩特→北京	2	乌鲁木齐→北京	2
13	伊春→哈尔滨	2	重庆→北京	2
14	泸州→成都	2	杭州→北京	2
15	西安→北京	2	长春→上海	2

城市舒适性理论认为，良好的自然条件、丰富的娱乐生活方式以及社会开放包容性是吸引创新人才的重要因素[①]。城市舒适性理论将人的需求与城市发展紧密联系在一起，是一种需求导向型的城市发展理论。然而其具体影响因素在不同国别地区、不同职业类型的影响机制存在较大差异。为了进一步分析中国好声音学员城际迁移的影响因子，本书采用负二项回归方法，以迁入城市的中国好声音学员总人数作为因变量，以地方音乐舒适性因子作为解释变量，分别构建学习迁移回归模型和居住迁移回归模型。

本书基于城市舒适性理论和音乐人才的特异性，构建影响音乐人才迁移的城市舒适性指标体系，分为音乐舒适性、文化舒适性、教育舒适性、公共服务、人居环境五个方面（见表 4－3）。其中，音乐舒适性指标包括音乐高校数量和录音棚数量，音乐高校和音乐专业设施是支撑地方音乐发展最直接的指标；文化舒适性指标包括文化旅游和文化遗产（如公园、景点等），具有美感且舒适的旅游资源可以为创意人才提供灵感、满足其娱乐审美需求[②③]；教育舒适性指标包括市民教育水平和科研水平，既有研究表明，高等教育和科研创新与人才集聚存在空间耦合关系[④⑤⑥]；公共服务包括普通小学数量和交通便利性，其中普通小学数量体现公共部门提供的非营利性基础教育资源能力，交通便利性是城市舒

---

① 温婷，蔡建明，杨振山，等．国外城市舒适性研究综述与启示．地理科学进展，2014，33（2）：249－258.

② Green G P，Deller S C，Marcouiller D W. Amenities and rural development：Theory，methods，and public policy. Northampton：EdwardElgar，2005.

③ Brueckner J K，Thisse J F，Zenou Y. Why is central Paris rich and downtown Detroit poor：An amenity－based theory. European Economic Review，1999，43（1）：91－107.

④ 何金廖，彭珏，胡浩．设计创意人才的空间集聚及其影响机理研究——基于城市舒适性视角．地理科学，2021，40（9）：1525－1535.

⑤ Markusen A. Urban development and the politics of a creative class：evidence from a study of artists. Environment and Planning A，2006，38（10）：1921－1940.

⑥ Scott A J. Cultural economy and the creative field of the city. Geografiska Annaler Series B－Human Geography，2010，92（2）：115－130.

适性中的重要组成部分[①②]；人居环境指标包括1月平均气温和空气污染程度，良好的自然环境和气候环境被认为是吸引西方创意阶层集聚的重要因素[③④]。需要说明的是，本指标体系中涵盖了较多总量指标，而较少采用人均指标。这是因为对于潜在的音乐人才移民而言，总量指标可以更直观地了解一个城市的舒适物的贫瘠性或丰富性，从而做出合理的决策。而人均指标更适合帮助小城镇评估其与大城市的舒适性差异，大城市之间的舒适性差异主要是规模问题。本书着重大城市的实证对比研究，因此，主要采用总量指标构建地方音乐舒适性[⑤]。

表4-3　　　　地方音乐舒适性指标

一级指标	二级指标	描述	数据来源
音乐舒适性	音乐高校	教育部批准参照及独立设置本科音乐类艺术院校数量/所	教育部网
	音乐专业设施	录音棚数量/个	高德地图 poi 数据
文化舒适性	文化遗产	重点文物保护单位数量/处	国家文物局网
	文化旅游	入境游客数/万人	各城市统计年鉴
教育舒适性	科研水平	专利授权量/件	中国城市统计年鉴
	市民教育水平	每万人在校大学生数量/人	中国城市统计年鉴
公共服务	普通小学数量	普通小学数量/所	中国城市统计年鉴
	交通便利性	每万人公共汽电车拥有量/辆	中国城市统计年鉴
人居环境	1月平均气温	1月平均气温/摄氏度	国家气象信息中心
	空气污染	年PM2.5平均浓度/（微克/立方米）	中国城市统计年鉴

① 马凌，李丽梅，朱竑．中国城市舒适物评价指标体系构建与实证．地理学报，2018，73（4）：755－770.

② Glaeser E L，Kolko J，Saiz A. Consumer city. Journal of Economic Geography，2001，1（1）：27－50.

③ Clark T N. Urban amenities：Lakes，opera，and juice bars：Do they drive development Research in Urban Policy，2003，9：103－140.

④ 张文忠．宜居城市建设的核心框架．地理研究，2016，35（2）：205－213.

⑤ 温婷，蔡建明，杨振山，等．国外城市舒适性研究综述与启示．地理科学进展，2014，33（2）：249－258.

考虑到数据可得性，两个模型均不包括自治州及港澳台地区。描述性统计结果显示，两个模型在自变量共线性诊断中 VIF 值均低于 7，说明自变量之间不存在明显的共线性。因变量音乐学习地和现居地音乐人才总数的变异系数均较大，再次表明音乐人才的音乐学习地和居住地选择空间分布不均，且居住地的集聚性更强的特征（见表 4－4）。自变量中音乐舒适性相关指标变异系数最大。其中，音乐高校数量变异系数（2.60）最大，且是唯一大于 2 的自变量，表明我国各城市音乐产业专业化水平差异大，音乐教育资源空间分布不均。此外，文化旅游、文化遗产、科研水平和交通便利性的变异系数都大于 1，说明这些指标的城际差异明显。

表 4－4　　　　描述性统计结果

一级指标	二级指标	均值	最小值	最大值	变异系数
音乐舒适性	音乐高校	0.39	0.00	5.00	2.60
	音乐专业设施	11.53	0.00	103.00	1.68
文化舒适性	文化遗产	3.46	0.00	13.00	1.02
	文化旅游	150.64	0.50	1216.95	1.88
教育舒适性	科研水平	26966.84	17.00	166609.00	1.57
	市民教育水平	475.09	23.84	1236.47	0.95
公共服务	普通小学数量	530.00	62.00	2860.00	0.96
	交通便利性	9.14	1.13	70.07	1.42
人居环境	1 月平均气温	3.98	−17.00	23.50	0.48
	空气污染	36.89	12.00	68.00	0.48

表 4－5 展示了分别以音乐学习地人才数和现居地人才数为因变量构建学习迁移和居住迁移的负二项回归模型的回归结果。两个模型分别在 1%、5% 的显著性水平上通过检验。总体上，两个模型的分析结果验证了城市舒适性在解释中国音乐人才城际迁移影响因素时有很强的解释力。其中，学习迁移模型有 4 个指标通过显著性检验，居住迁移模型有 3 个显著指标，2 个模型均较理想。关于各舒适性因子对音乐人才城际迁移的具体影响机理解释如下。

表4-5　　中国音乐人才迁移负二项回归结果

一级指标	二级指标	模型1（学习迁移）		模型2（居住迁移）	
		标准化系数	标准误	标准化系数	标准误
音乐舒适性	音乐高校	2.2351*	1.2862	1.5622	1.0495
	音乐专业设施	2.2976*	1.2491	2.7362***	1.0692
文化舒适性	文化遗产	-0.1829	0.6284	0.1228	0.4805
	文化旅游	1.6564*	0.9828	2.4922***	0.6580
教育舒适性	科研水平	-0.6550	1.3566	-0.7533	1.0170
	市民教育水平	1.4621***	0.3842	0.5678*	0.3230
公共服务	普通小学数量	0.7100	0.6830	0.4196	0.5974
	交通便利性	0.2138	1.2332	-0.1741	0.8644
人居环境	1月平均气温	-0.3133	0.4990	-0.3843	0.5107
	空气污染	0.5268	0.6207	0.6923	0.4653
alpha		0.2248***	0.0691	0.0754**	0.0534

注：*、**、***分别表示在10%、5%、1%的置信水平下通过显著性检验。

首先，在学习迁移模型中，音乐舒适性相关因子影响最为显著，音乐高校和音乐专业设施均通过显著性检验，标准化系数为正，分别为2.2351、2.2976。这表明音乐人才在学习迁移时最关心的目的地是否有以知名音乐院校为代表的高质量音乐学习资源，以及是否有以录音棚为代表的音乐基础设施。该结论印证了前面对音乐人才学习地集聚分布原因的猜想，即知名音乐院校是吸引处于成长初期的音乐人才发生流动的重要因素；同时很好地回应了人力资本理论，即在人力资本形成的各种途径中，教育投入是最重要的途径①。例如，北京设有多所知名音乐院校，同时作为政治文化中心具有接受新音乐文化的便利性，是许多选手学习迁移的目的地②。其次，市民教育水平也在1%的显著水平上正向影响音乐人才学习迁移，印证了Florida在"3T"理论中强调的人才（talent）对于地区创意经济发展的重要作用。但值得注意的是，其标准化系数（1.46）低于音乐高

① Florida R, Mellander C, Stolarick K. Inside the black box of regional development—human capital, the creative class and tolerance. Journal of Economic Geography, 2008, 8 (5): 615-649.

② 蔡际洲．文化地理学视野中的中国音乐家研究．中国音乐学，2005 (2)：105-112.

校（2.24），说明其重要性不如音乐舒适性因子。最后，文化旅游因子也通过了显著性检验，标准化系数为 1.66。丰富的文化旅游资源一方面为音乐发展提供了创作灵感和主题；另一方面也为音乐表演提供了市场需求，例如，丽江是许多流浪歌手追求音乐梦想的地方[①]。

在居住迁移模型中，音乐舒适性、教育舒适性和文化舒适性依然显著，但相关指标和显著性有所不同。这一方面说明音乐舒适性、教育舒适性和文化舒适性始终是吸引音乐人才迁移的重要因素；另一方面也说明音乐人才在居住迁移与学习迁移过程中存在不同的动机。首先，音乐专业设施在学习迁移模型中仅在 10% 置信水平上显著，而居住迁移模型中在 1% 的置信水平上通过显著性检验，显著性水平大幅提高，说明音乐人才在居住迁移中非常看重城市的音乐基础设施。作为对比，音乐高校因子在居住迁移模型中不再显著，表明居住迁移与学习迁移存在很大区别。在居住迁移过程中，音乐人才更看重未来音乐事业的发展空间，因此城市音乐的专业化水平变得非常重要，如北京和上海分布有最多的录音棚，同时也是多家知名音乐企业的总部所在地[②]。其次，在教育舒适性因子中，市民教育水平相比学习迁移模型显著性下降，仅在 10% 置信水平上通过显著性检验，且标准化系数降为 0.57。这说明教育舒适性虽然不是驱动音乐人才城际迁移的首要影响因素，但较高的市民素质为音乐人才提供了庞大需求群体[③]。最后，文化旅游因子在居住迁移模型中显著性大幅提升，通过 1% 置信水平上的显著性检验，标准化系数为 2.49，仅次于音乐专业设施因子。这进一步印证了音乐人才的居住迁移受到市场需求的强烈影响，并形成了特殊的共生关系——由于音乐人才大量聚集在旅游目的地，从而塑造了独具特

① 刘爱利，刘福承，刘敏，等. 国内外旅游声景研究进展. 旅游学刊，2016，31（3）：114－126.

② Hansen H K，Niedomysl T. Migration of the creative class：evidence from Sweden. Journal of Economic Geography，2009，9（2）：191－206.

③ Alfken C，Broekel T，Sternberg R. Factors explaining the spatial agglomeration of the creative class：Empirical evidence for German artists. European Planning Studies，2015，23（12）：2438－2463.

色的地方音乐景观（例如，音乐剧、节庆活动和街头艺人），进一步吸引外来的游客，反过来不断增加的游客为音乐人才提供了更加广阔的市场环境和创作氛围[①]。

综上所述，学习迁移和居住迁移模型的结果都验证了城市舒适性理论对音乐人才城际迁移机制解释的有效性，音乐舒适性、文化舒适性和教育舒适性是驱动音乐人才城际迁移的核心动力。同时音乐人才的舒适性偏好也存在着独特性，例如，本书发现城市科研创新水平、公共服务和人居环境与音乐人才迁移并没有显著相关关系。这与现有研究强调自然环境（如阳光地带）、公共服务水平的研究结论有所差异[②]。其可能原因在于现有研究多以科研人员为研究对象，而以文化创意为核心的音乐人才与以科学技术为核心的科研人员在城市舒适性偏好方面存在差异。最后值得注意的是，音乐人才学习迁移和居住迁移模型结果的差异很好地印证了本书关于音乐人才在不同成长阶段的迁移动机差异的猜想，即音乐教育资源是学习迁移行为的核心驱动力，而音乐专业化水平是居住迁移行为的核心驱动力，但就整体而言，音乐舒适性始终是吸引音乐人才集聚的首要和最重要因素。

（4）结论与讨论。

本部分基于城市舒适性理论，通过核密度计算、社会网络分析方法和负二项回归模型，探析了中国音乐人才在不同阶段的成长迁移轨迹特征及影响因素，验证了地方音乐舒适性对于音乐人才迁移的重要作用，主要结论如下：

首先，音乐人才的迁移具有明显的集聚指向，并呈现从出生地、学习地到现居地集聚性逐渐增强的趋势。在出生地方面，东北和川渝等少数民族地区是音乐人才最重要的迁出地。这表明地方音乐文化氛围对孕育音乐人才具有重要影响。在学习地方面，北京、成都、上海等具有知名音乐学

---

① Currid E. Bohemia as subculture; "bohemia" as industry: Art, culture, and economic development. Journal of Planning Literature, 2009, 23 (4): 368-382.

② Clifton N. The "creative class" in the UK: An initial analysis. Geografiska Annaler Series B - Human Geography, 2008, 90 (1): 63-82.

校的城市吸引了大量音乐人才。在居住地方面，音乐人才进一步向北京、上海等大城市集聚，这些城市是知名音乐公司总部所在地，音乐产业专业化水平高，能满足音乐人才的职业发展需求，也是中国经济最发达的地区。部分城市（如南京、沈阳、武汉、天津和长春等）虽然对音乐人才的学习迁移有着较强吸引力，但因为缺少消费市场和发展机会而对音乐人才的居住迁移吸引较弱。

其次，负二项回归结果表明，中国音乐人才城际迁移主要受到音乐舒适性、教育舒适性以及文化舒适性因子的驱动。其中，音乐教育资源（音乐专业院校）、音乐专业设施（录音棚数量）为音乐人才提供专业学习的机会、创作和社交的场所；高素质的城市市民为音乐人才提供了强劲的消费需求；文化旅游资源一方面为音乐人才提供创作灵感和素材，另一方面由于音乐人才不断聚集在旅游热点城市，进一步丰富城市音乐活动和音乐景观，形成了音乐—旅游共生关系。

再次，本部分研究从音乐人才的不同成长阶段分析其迁移行为的影响机理，印证了 Alfken 等人的观点，即人才的生命阶段影响其迁移动机和意愿[①]。中国音乐人才在学习迁移行为和居住迁移行为中表现出了不同的特征。在学习迁移时，音乐教育资源是核心驱动因素；而音乐产业专业化水平则是居住迁移的核心驱动因素。此外，市民教育水平对学习迁移更重要，文化旅游则对居住迁移更重要。因此，不同的城市应立足城市自身的特点针对不同发展阶段的音乐人才制定相关政策。

综上所述，本部分研究在解释中国音乐人才城际迁移时采用相比传统经济学理论更具包容性的舒适性理论，通过定量分析证明了城市舒适性理论在解释中国音乐创意人才迁移机制的有效性，验证了生命过程理论的观点，发现中国音乐人才在不同成长阶段的空间偏好存在差异。尽管如此，

---

① Alfken C. Ich will nicht nach Berlin! – Life course analysis of inter – regional migration behaviour of people from the field of design and advertising. Environment and Planning A – Economy and Space, 2015, 47 (10): 2187 – 2203.

目前国内对不同职业艺术创意人才的研究仍然稀缺，基于人才成长阶段差异性的研究则更鲜有涉及。另外，本研究案例数据来源为中国好声音播出选手，样本量有限，可能会影响结论的普适性。音乐人才研究仍需更丰富、更具代表性的研究主体。此外，音乐作为一种社会文化，是蕴含经济价值的商品，也是民族文化传承发展的重要载体和文化对外输出的窗口。然而在当代西方及日韩文化工业崛起的背景下，中国音乐产品在实现意识形态输入方面表现弱势。音乐人才是音乐内容生产的主体，而内容生产在音乐产业链中处于龙头地位①。因此，本部分研究呼吁国内学者应加强对相关理论的案例研究，从而为音乐人才空间流动提供理论分析支撑，为城市经济发展提供现实指导。

4.3.2　案例2：中国海归科研人才区位选择机理分析——以青年千人为例

（1）研究背景。

我国经济正处于转型发展的关键时期，创新人才的集聚对创新经济的发展至关重要。改革开放以来，我国出国留学人数呈指数上升的趋势，人才流失现象严重。为了促进海外高层次人才在经济社会发展中的影响力，自2008年起，我国开始实施“海外高层次人才引进计划”，简称“千人计划”。2010年12月，我国组织了“青年海外高层次人才引进计划”，简称“青千计划”，该计划为“千人计划”的子项目，主要目的是面向自然科学或工程技术领域、年龄不超过40周岁的年轻学者，他们是促进学科发展的专业人才、改革创新高校体制的中坚力量，也是促进高新产业创新发展、对外交流合作的重要推手和媒介。海外高层次人才引进计划实施以来，为我国引进了一批又一批创新创业人才。据统计，截至2017年，我国出国留

① 蓝轩．中国音乐产业40年：回顾与展望．民族艺术研究，2021，34（5）：94－101.

学人员共计 400 多万人，累计学成回国人数为 300 多万人，1978 ~ 2017 年学成回国人员占比从 28.8% 增长至 61.8%，带动了关键技术的进步和产业的转型升级，加快了我国创新型国家建设。中国科学家的回国率（选择回国与出国的研究人员相比）在 2018 年达到接近 80% 的峰值，远高于 2000 年的 10%。

在大量海外科研人才归国的同时，我国也面临着科研人才在空间上分布不均的现象，科研人才主要集中在东部沿海城市以及经济发展程度较高的城市。孙伟等通过对青年“千人计划”第一至第六批公布的 1778 名入选者的分布特点进行分析，从落地省市上看，北京、上海、江苏和安徽的落地人数最多，分别占青年千人总数的 27.8%、16.6%、10%、7.1%，广西、河北、河南和山西等省区青千人数则非常稀缺。潮龙起（2014）认为造成海外高素质人才主要分布在京、沪、浙、苏等高等教育比较发达的地区的原因在于这些地区的高校具有吸引人才的竞争优势和科研基础①。然而，在学术界关于海归科研人才的区位选择一直没有得到很好的解答，尽管有相当多的研究聚焦国际研究人员是否归国的决策行为，但其中只有少数研究探讨了归国者选择哪些城市的问题②③④⑤⑥。因此，本部分研究试图以“青年千人”项目为案例探讨科研归国人才城市选择的驱动机制。

以往关注国际科学家回国流动动机的研究通常基于传统的影响因素，如个人特征、经济效益和职业机会，但这些研究很少关注城市舒适性对人

---

① 潮龙起．高校高层次海归人才现状及其作用研究——以中央“千人计划”为中心．东南亚研究，2014，211（4）：57 – 63.

② Lam D，Schoeni RF. Effects of family background on earnings and returns to schooling：evidence from Brazil. Journal of Political Economy，1993，101（4）：710 – 740.

③ Mayda A M. International migration：A panel data analysis of the determinants of bilateral flows. Journal of Population Economics，2010，23（4）：1249 – 1274.

④ Grogger J，Hanson G H. Attracting talent：Location choices of foreign – born PhDs in the United States. Journal of Labor Economics，2015，33（1）：S5 – S38.

⑤ Zeithammer R，Kellogg R P. The Hesitant Hai Gui：return Migration preferences of U. S. – Educated Chinese scientists and engineers. Journal of Marketing Research，2013，50（5）：644 – 663.

⑥ Kahn S，MacGarvie M. The impact of permanent residency delays for STEM PhDs：Who leaves and why. Research policy，2020，49（9）：103879.

才迁移的影响[①②③]。根据 Florida（2014）的研究，科研人员和科学家都是极具创造力的人，他们不仅在乎迁入地的工作机会和经济回报，而且更倾向于将自己置于一个创造性的环境中，使他们能够更独立自主、更具创新性地工作，并拥有一个愉快的环境来提高他们的生活质量[④]。因此，本部分研究旨在通过引入舒适性理论，从而填补科研人才这一空白。根据该理论，归国科学家的选址决策受到本地便利设施的显著影响，包括自然舒适物、生活便利设施、科学环境、公共基础设施和服务以及生活成本。

（2）数据来源与方法。

本部分研究数据来源有两部分。一是 2011～2018 年历年各批次引进的海外高层次人才数据集，包括其性别、年龄、现任单位、海外学习/就职机构等基础信息，这是我国迄今为止可公开获得的唯一归国人才数据库。对于归国人才的母校信息，本部分研究通过履历分析法进行匹配。二是城市舒适性特征的数据主要来自《中国统计年鉴》《城市统计年鉴》以及国家信息中心数据。所有城市舒适度变量均采用 2011～2018 年的年度值对历年各批次归国人才信息进行匹配，缺省值采用多年度平均值进行估算。

归国科学家在决定移居何处时，会面临一系列可供选择的目的地城市，在这种情况下，通常采用条件 Logit 模型来检验地点选择的决定因素[⑤]。采用条件 Logit 模型的前提是满足不相关替代假设（IIA）的独立性[⑥]。根据 IIA 的零假设，假设“青年千人”科学家选择居住在城市 A 或城市 B 的相

---

① Florida R. The Rise of the Creative Class Revisited. 10th Anniversary Edition. New York: Perseus Distribution, 2014.

② Niedomysl T, Hansen H K. What matters more for the decision to move: jobs versus amenities. Environment & Planning A, 2010, 42 (7): 1636－1649.

③ Wenting R, Atzema O, Frenken K. Urban amenities and agglomeration economies? the locational behavior and economic success of Dutch fashion design entrepreneurs. Urban Studies, 2011, 48 (7): 312－331.

④ Faggian A, Royuela V. Migration flows and quality of life in a metropolitan area: the case of Barcelona－Spain. Applied Research in Quality of Life, 2010, 5 (3): 241－259.

⑤ Davies P S, Greenwood M J, and Li H. A Conditional Logit Approach to U. S. State－to－State Migration. Journal of Regional Science, 2001, 41 (2): 337－360.

⑥ McFadden D. Conditional logit analysis of qualitative choice behavior. New York: Frontiers in Econometric, Academic Press, 1974.

对概率与其他城市作为替代目的地的存在无关。假设科学家的区位选择是基于个体效用最大化的，我们构建了科学家选择迁移到城市的效用函数如下：

$$U_{ij} = \alpha N_{ij} + \beta S_{ij} + \gamma Z_{ij} + \varepsilon_{ij}(i = 1,2,\cdots,N;j = 1,2,\cdots,J) \quad (4-2)$$

其中，i 表示个人，j 表示科学家选择的目的地城市。U_{ij}表示为城市 j 对个人 i 的总效用。如表 4－2 所示，条件 Logit 模型中估计的舒适度因子（N、S 和 Z）有三个基本向量。N_{ij}代表城市 j 的自然便利设施，如温度（1 月平均温度）、空气质量指数（AQI）、日照时数（年日照时数）和城市绿地（人均绿色建成城市面积）。这些自然因素之所以被采用，是因为它们在基于舒适性研究的文献中被广泛关注[①]。一个典型的案例是，自 20 世纪 90 年代以来，美国的高技能人才一直迁移到天气暖和干燥的大都市，特别是阳光地带地区[②③④]。S_{ij}是指 j 市的科学环境，包括每百万人获得专利的数量、每百万人拥有的大学机构数量、每百万人拥有的顶尖大学数量。先前的研究发现，关键实验室和研究机构数量所代表的科学环境对科学家的迁移动机尤为重要，因为它可能决定他们未来的职业前景[⑤⑥]。另外，在本部分研究中我们采用了高等教育和顶尖大学两个指标，旨在讨论是关键研究机构还是普通研究机构对归国科学家更为重要。此外，Z_{ij}代表了社会经济便利设施，如城市社会基础设施服务（医疗保健、文化遗产）、城市交

---

① Wenting R，Atzema O，Frenken K. Urban Amenities and Agglomeration Economies? The Locational Behaviour and Economic Success of Dutch Fashion Design Entrepreneurs. Urban studies（Edinburgh，Scotland），2011，48（7）：1333－1352.

② Glaeser E L . Triumph of the City：How Our Greatest Invention Makes Us Richer Smarter Greener Healthier and Happier. Economic Geography，2012，88：97－100.

③ Chen Y，Rosenthal S S. Local amenities and life－cycle migration：Do people move for jobs or fun? Journal of urban economics，2008，64（3）：519－537.

④ Florida R，The Rise of the Creative Class Revisited. 10th Anniversary Edition. New York：Perseus Distribution，2014.

⑤ Baruffaldi S H，Landoni P. Return mobility and scientific productivity of researchers working abroad：The role of home country linkages. Research Policy，2012，41（9）：1655－1665.

⑥ Azoulay P，Ganguli I，Graff Z J. The mobility of elite life scientists：professional and personal determinants. Research Policy，2017，46（3）：573－590.

通便利设施（地铁里程、公共交通）、城市收入和城市生活成本。根据Tiebout（1956）首次提出的“用脚投票”理论，地方公共服务是移民效用模型的关键因素。Glaeser（2012）进一步指出，技能人才在城市之间的流动与工资和住房成本等经济因素密切相关。因此，本部分研究认为，公共服务和经济因素对中国归国科学家的地点选择有显著影响。最后，ε_{ij}表示不可观测的因素。当个体 i 选择迁移到城市 j 时，假设个体 i 通过选择城市 j 获得了最大的效用。因此，个体 i 选择城市 j 的概率为：

$$\mathrm{Prob}(\mathrm{Choice}_{ij}=1)=\frac{\exp(\alpha N_{ij}+\beta S_{ij}+\gamma Z_{ij})}{\sum_{j=1}^{J}\exp(\alpha N_{ij}+\beta S_{ij}+\gamma Z_{ij})} \quad (4-3)$$

因变量 Choice_ij 是一个取值为 0 和 1 的变量。当选择城市 j 时，Choice_ij 的值为 1，否则，该值为 0。由于每个个体 i 面临包括 J 个城市的选择集，因此实际观察样本数为 N×J。基于方程（4-2），我们使用 McFadden（1974）构建的条件 Logit 模型来估计城市特征的 α、β 和 γ 参数。这些参数反映了城市特征值对选址概率的影响。McFadden（1974）提出了三种计算边际效应的方法，即 MEM（均值边际效应）、AME（平均边际效应）和 MER（代表值边际效应）。本部分研究采用了平均边际效应的方法，其中模型中的边际效应系数是指当城市舒适性变量变化 1% 时该城市被选中的概率的平均变化。如果参数为正，则表明城市特征值越大，选择城市 j 的概率就越大。

（3）城市舒适性对“青年千人”科学家区位选择的影响。

条件 Logit 模型的结果如表 4-6 所示。首先，三个模型在预测“青年千人”科学家的区位选择方面都具有很强的解释力。虽然这三个模型都呈现出相似的结果，但模型 2 中顶尖大学的相关系数大于模型 1 中高等教育的相关系数，表明高水平的研究机构比普通学术机构对“青年千人”科学家更具有吸引力。在将样本分为 2011~2013 年、2014~2016 年和 2017~2018 年三个时期来控制时间效应时，模型 3 的结果更为优越，在所有模型中具有最大的 R^2 值。因此，这一结果验证了“青年千人”科学家在迁入地选择时受到了城市舒适性因子的影响。

表 4-6　"青年千人"科学家区位选择的条件 Logit 模型结果

变量	模型 1	模型 2	模型 3
气候	-0.087 *** (-18.60)	-0.063 *** (-13.33)	-0.008 ** (-2.05)
日照时间	-0.003 *** (-29.55)	-0.002 *** (-28.90)	-0.001 *** (-12.40)
空气质量指数	0.015 *** (6.69)	0.024 *** (12.14)	-0.003 * (-1.86)
城市绿地	0.001 (1.26)	0.006 *** (6.04)	0.002 (0.86)
医疗设施	0.026 *** (7.98)	0.077 *** (45.54)	0.040 *** (14.48)
市内交通	3.327 *** (25.02)	2.664 *** (22.18)	0.461 *** (3.79)
城际交通	-0.002 *** (-4.14)	-0.001 *** (-2.81)	-0.001 (-0.56)
文化设施	-0.017 *** (-2.94)	0.004 (0.81)	-0.087 *** (-14.82)
城市专利	0.002 *** (5.68)	0.001 ** (2.01)	0.361 ** (2.27)
高等教育	0.046 *** (23.49)		
双一流高校		2.052 *** (12.06)	0.037 *** (21.69)
住房价格	1.615 *** (41.76)	1.412 *** (34.66)	0.451 (1.44)
收入	0.106 *** (3.65)	0.142 *** (4.72)	0.568 *** (29.34)
2011~2013 年	—	—	YES
2014~2016 年	—	—	YES
Chi2	13266.43	12397.72	14048.80
Pseudo R^2	0.3437	0.3211	0.3872
N	3530	3530	3530

注：括号内为 T 检验；* p<0.1，** p<0.05，*** p<0.01。

条件 Logit 模型结果还表明，城市舒适性因子对“青年千人”科学家选址的影响程度存在显著差异。

首先，尽管自然舒适性对“青年千人”科学家的位置选择具有重要意义，但它们的影响与之前的研究有所不同。例如，在所有三个模型中都发现了气候和日照时间变量的负系数，意味着温暖的城市对优秀的海归科学家不具有吸引力，这一结果与美国高技能人才流动趋势的研究结果不同，后者更青睐阳光地带①②③。这一结果可能是由高水平大学和研究机构主要集中在以北京为中心的华北地区导致的。类似地，空气质量指数（AQI）预计会对“青年千人”科学家的位置选择产生负面影响；因为空气质量指数越大，城市的空气质量就越差。然而，在模型 1 和模型 2 中，空气质量指数都被显示正相关。当模型 3 中控制了时间效应时，空气质量指数呈负相关（系数为 -0.003），存在时滞效应，表明较差的空气质量可能不会立即对人才增长产生负面影响。尽管这里的城市绿地变量在模型 2 中显示为正相关，但其系数相当小（0.006），可能表明城市绿地舒适度对“青年千人”科学家区位选择的影响较弱。总之，上述发现表明，与城市的自然环境相比，处于职业生涯早期的科学家可能更重视其他城市舒适性因子，尤其是科学环境。

其次，公共基础设施，特别是城市公共交通和医疗设施，与“青年千人”科学家的区位选择高度相关。在模型 3 中，城市公共交通（如地铁）具有最大的系数（0.461），意味着当地铁里程增加 1% 时，该城市被选择的概率平均增加 46.1 个百分点。这不仅是因为地铁为大城市的居民提供了便捷的交通方式，更重要的是，地铁也是城市地位的象征，同

① Gottlieb P. Amenities as an Economic Development Tool：Is there Enough Evidence? Economic development quarterly，1994，8（3）：270 -285.

② Glaeser E，Shapiro J. Urban Growth in the 1990s：Is City Living Back? Journal of regional science，2003，43（1）：139 -165.

③ Chen Y，Rosenthal S. Local amenities and life - cycle migration：Do people move for jobs or fun? Journal of urban economics，2008，64（3）：519 -537.

时为城市丰富的业余生活提供了保障，包括艺术与娱乐、餐厅和夜生活等[①②③]。此外，模型1和模型2都表明，医疗设施对归国科学家来说非常重要，高水平公立医院的服务为科研人才的家庭成员提供了重要保障，从而带来倍增效应[④]。

再次，研究发现归国人才非常关注城市的科研环境。相比城市专利与城市大学总量因素，城市拥有的双一流高校对归国人才城市选择概率的平均边际效应更大。这归因于双一流大学主导了中央财政科研经费和国家重大科研项目，使职业前景和高层次科研环境成为影响归国人才流动的重要因素。这一发现证实了之前的假设，即职业前景和科学环境是科学流动的主要决定性因素[⑤⑥]。

最后，城市住房成本对归国人才的城市选择并没有显著的阻碍作用。这可能与归国人才在城市选择时有更多的议价能力和住房配套福利有关。相比之下，城市的收入水平对归国人才的城市定居概率产生显著的正效应。这表明，经济条件激励在吸引海外优秀人才仍然发挥着重要作用。

（4）条件Logit模型的异质性检验。

首先，城市舒适性对归国人才的城市偏好影响存在性别差异（表4－7）。男性科学家们更关心空气质量。当城市空气质量越差时，越不利于吸引男性科学家。而空气质量对女性科学家却没有显著影响（这不排除因为女性科学家样本数量较少导致的分析误差）。相比之下，城市人均绿化面积是

---

① Duranton G，Turner Ma. Urban Growth and Transportation. The Review of economic studies，2012，79（4）：1407－1440.

② He J，Huang X. Agglomeration，Differentiation and Creative Milieux：A Socioeconomic Analysis of Location Behaviour of Creative Enterprises in Shanghai. Urban policy and research，2018，36（1）：79－96.

③ Sonnenschein T S，Scheider S，Zheng S. The rebirth of urban subcenters：How subway expansion impacts the spatial structure and mix of amenities in European cities. Environment and planning. B，Urban analytics and city science，2022，49（4）：1266－1282.

④ Mahe C. Publicly provided healthcare and migration. Economics and human biology，2020，39.

⑤ Baruffaldi S H，Landoni P. Return mobility and scientific productivity of researchers working abroad：The role of home country linkages. Research policy，2012，41（9）：1655－1665.

⑥ Azoulay P，Ganguli I，Graff Zivin J. The mobility of elite life scientists：Professional and personal determinants，Research policy. 2017，46（3）：573－590.

吸引女性科学家选择定居城市的一个显著因素。此外，男性科学家更关心定居城市的研发创新能力，但对于女性科学家，城市专利变量对城市定居概率没有显著影响。

表 4-7　　　　按性别分组的条件 Logit 模型结果

变量	模型 4	模型 5
	男性	女性
气候	-0.092 *** (-18.49)	-0.047 *** (-3.40)
日照时间	-0.003 *** (-28.00)	-0.002 *** (-8.65)
空气质量指数	-0.016 * (6.79)	0.005 (0.70)
城市绿地	0.001 (0.41)	0.006 *** (2.59)
医疗设施	0.024 *** (6.96)	0.040 *** (4.18)
市内交通	3.410 *** (23.13)	2.796 *** (7.06)
城际交通	-0.001 *** (-3.29)	-0.003 *** (-3.04)
文化设施	-0.015 ** (-2.18)	-0.015 (-0.98)
城市专利	0.003 *** (7.13)	-0.001 (-0.66)
双一流高校	0.047 *** (22.55)	0.037 *** (6.60)
住房价格	1.636 *** (39.69)	1.486 *** (13.40)
收入	0.098 *** (3.15)	0.168 ** (1.97)

续表

变量	模型4	模型5
	男性	女性
Chi2	11696.54	1574.14
Pseudo R^2	0.3433	0.3818
N	3121	408

注：括号内为T检验；* p<0.1，** p<0.05，*** p<0.01。

其次，不同年龄归国人才的城市偏好所考虑的城市禀赋也存在异质性（见表4-8）。与25~30岁的群体相比，35~40岁的归国人才群体更关注城市医疗设施。而对比年长的科学家，25~30岁的归国人才群体更关心城市是否拥有双一流高水平研究机构，并且该年龄段群体对收入水平也不敏感。这一发现表明，年轻的归国人才与年龄较大的群体相比，他们在选择城市时，更注重将当前经济利益与未来职业前景进行权衡。

表4-8　　按年龄分组的条件Logit回归结果

变量	模型6 25~30岁	模型7 30~35岁	模型8 35~40岁
气候	-0.116*** (-5.25)	-0.087*** (-13.85)	-0.082*** (-11.15)
日照时间	-0.003*** (-8.06)	-0.003*** (-22.83)	-0.002*** (-16.72)
空气质量指数	0.028*** (2.98)	0.015*** (5.12)	0.012*** (3.54)
城市绿地	0.002 (0.79)	0.001 (0.83)	0.001 (0.52)
医疗设施	0.022*** (4.18)	0.028*** (6.45)	0.034** (2.46)
市内交通	4.426*** (7.13)	3.284*** (18.35)	3.223*** (14.57)
城际交通	0.005*** (2.88)	0.002*** (4.31)	0.000 (0.22)

续表

变量	模型 6	模型 7	模型 8
	25 ~30 岁	30 ~35 岁	35 ~40 岁
文化设施	-0.023 (-1.25)	-0.017** (-2.12)	-0.014 (-1.24)
城市专利	0.003*** (2.89)	0.002*** (5.07)	0.002** (2.27)
双一流高校	0.056*** (5.52)	0.045*** (17.25)	0.046*** (14.71)
住房价格	1.999*** (10.61)	1.643*** (31.55)	1.530*** (24.89)
收入	0.066 (0.51)	0.112*** (2.84)	0.095** (2.03)
Chi2	751.88	7719.22	4792.22
Pseudo R^2	0.4213	0.3538	0.3370
N	190	2013	1325

注：括号内为 T 检验；* $p<0.1$，** $p<0.05$，*** $p<0.01$。

再次，基于样本是否返回母校进行分组的异质性检验得出，对于返回母校的归国人才，城市医疗设施和收入水平对其城市偏好没有产生显著影响；而对于没有返回母校的群组，城市更好的医疗条件和更高的经济水平均会显著提高城市对其的吸引力（见表 4 -9）。此外，后者在城市自然条件和城市设施服务维度的平均边际效应系数也比前者更大。这说明回母校工作对归国人才具有较大的吸引力，并在某种程度上可以替代城市舒适性的影响。

表 4 -9　　按母校分组的条件 Logit 回归结果

变量	模型 9	模型 10
	母校	非母校
气候	-0.105*** (-11.61)	-0.080*** (-14.39)
日照时间	-0.002*** (-14.21)	-0.003*** (-25.36)

续表

变量	模型 9 母校	模型 10 非母校
空气质量指数	0.013 *** (3.13)	0.016 *** (6.03)
城市绿地	0.002 (1.16)	0.001 (0.44)
医疗设施	0.004 (0.59)	0.034 *** (9.18)
市内交通	2.700 *** (8.32)	3.391 *** (21.91)
城际交通	0.007 (0.46)	0.008 (0.10)
文化设施	-0.0625 *** (-4.02)	-0.006 (-0.84)
城市专利	0.002 * (1.82)	0.002 *** (4.48)
双一流高校	0.063 *** (15.90)	0.039 *** (17.33)
住房价格	1.741 *** (21.51)	1.572 *** (34.97)
收入	0.044 (0.77)	0.127 *** (3.68)
Chi2	3735.51	9670.51
Pseudo R^2	0.3666	0.3462
N	963	2566

注：括号内为 T 检验；* p<0.1，** p<0.05，*** p<0.01。

最后，城市舒适性对归国人才城市偏好的影响存在区域异质性（见表 4-10）。根据归国人才海外留学/工作来源地划分为欧洲地区、北美地区和亚洲及其他地区。相比其他留学地区，欧洲留学人才对城市自然环境、城市科研环境和城市社会经济环境等各个维度都更为敏感。而城市空气质量、城市文化设施以及城市专利总量对北美留学归国人才的城市偏好选择并没有显著影响。此外，城市拥有的双一流大学数量对于欧洲和北美留学人才具有显著的吸引力，但对于来自亚洲及其他地区的归国人才影响并不显著。

表 4 – 10　　按流出地区分组的条件 Logit 回归结果

变量	模型 11	模型 12	模型 13
	亚洲及其他地区	欧洲	北美
气候	–0.015 * (–1.96)	–1.108 *** (–9.30)	–0.080 *** (–5.36)
日照时间	–0.002 *** (–16.79)	–0.046 *** (–12.04)	–0.002 *** (–6.85)
空气质量指数	0.021 *** (5.11)	–0.160 *** (–6.99)	–0.029 (–6.76)
城市绿地	0.015 (4.86)	0.537 *** (7.57)	–0.004 (–1.16)
医疗设施	0.103 *** (20.66)	2.858 *** (12.94)	–0.143 *** (–9.24)
市内交通	4.306 *** (18.34)	6.888 *** (16.28)	4.360 *** (6.58)
城际交通	–0.004 *** (–6.31)	–0.001 *** (–11.55)	0.0162 *** (8.50)
文化设施	0.106 *** (9.94)	1.246 *** (10.78)	0.001 (0.01)
城市专利	0.005 *** (7.31)	0.262 *** (10.74)	0.001 (0.81)
双一流高校	0.004 (1.33)	1.856 *** (12.16)	0.091 *** (13.18)
住房价格	1.377 *** (30.03)	–9.284 *** (–5.22)	–1.519 *** (–2.90)
收入	0.703 *** (19.57)	4.63 *** (12.93)	0.446 *** (4.44)
Chi2	12712.55	4522.96	1480.76
Pseudo R^2	0.4600	0.8405	0.4242
N	323	391	1616

注：括号内为 T 检验；* p<0.1，** p<0.05，*** p<0.01。

（5）结论与讨论。

本部分研究从城市舒适性视角探索了归国人才城市选择偏好的内在机制。以往科学人才流动主要关注个人层面决定因素的影响，而忽略了城市舒适性分析视角。本部分研究的结论表明，当考虑国际人才流动的影响因素时，城市舒适性具有显著的解释力。中国的海外高层次人才回国时非常注重城市舒适性因素，如城市科学环境（尤其是高质量的学术机构）、城市公共基础设施和服务（医疗、城市内交通）以及收入条件。

其次，本部分研究还发现城市舒适性的影响在不同社会群体之间存在显著异质性。例如，归国的男性科学家比女性科学家更关心城市的空气质量和研发能力。年长的科学家（35～40 岁）更关注医疗设施，而年轻的科学家更关心研究机构的质量。此外，值得注意的一个重要现象是，有 27% 的归国人才会选择回到母校。这部分群体在城市禀赋和选择母校间有所权衡，城市医疗设施和收入水平对没有返回母校的归国人才有显著的吸引力，但这些因素对返回母校的归国人才影响却不显著。同时，来自不同留学地区的归国人才，对城市舒适性的需求也存在异质性。本部分研究的发现对各地因地制宜地制定吸引海外优秀人才政策具有参考意义。

第5章　城市舒适性与房地产

从总体上讲，城市舒适性包括自然舒适性、人工舒适性和社会氛围舒适性三个层面。这三个层面既是居住空间的外在环境，也是居住空间的内在属性。城市舒适性不仅会促进城市间的人口迁移、城市内的产业结构和城市的竞争力，对住宅价格也有重要影响，在一定程度上决定了城市的土地利用和功能格局，因此探讨城市舒适性对房地产价格的影响机理是一个重要的学术话题。

5.1　享乐住房价格理论

由于房地产市场存在显著的异质性，传统的房地产供给和需求分析方法在房地产市场中的应用受到了限制。消费者的住宅需求受选址因素的内生性影响，价格低廉的住宅，其住宅特性可能较弱，或其许多特性不会被消费者所接受。为了更好地了解住宅的特征，并分析住宅的特征对住宅需求及房价的影响，享乐价格分析方法应运而生。该价格模型认为商品是由商品的内在属性构成的。因此，不同种类的住房，其价格因内在属性的差异将会产生变化。享乐价格模型的立足点是：商品价格取决于商品各方面属性给予消费者的满足这一效用而产生的。其在经济学上的意义指人们从其消费的商品或服务上获得的效用或满足程度。而城市舒适性理论基于马斯洛需求层次理论、服务经济理论以及人力资本理论，提出城市通过吸引人才集聚以促进自身经济创新发展，是面向高品质生活的新的城市发展理论[①]。同时，舒适物的空间配置与不平等问题引起了学者的广泛关注。因此，享乐价格理论的理念与城市舒适性理论基本一致，即强调空间属性与品质。

5.1.1　享乐价格理论分析的起源

在城市经济学、房地产市场等领域，享乐价格理论认为，居民对住房的需求与住房的特征密切相关。从微观经济学的效用理论出发，消费者之所以选择购买住房，是因为他们希望获得住房的最大效用，即，将住房的特性转化为住房的效用。

关于享乐价格理论的起源，经济学家普遍认为有两个不同的来源。一种观点将 Hass 的硕士论文作为这个概念的开端，Hass 将农业用地的属性定义为两种类型，即离市区的距离和城市的规模，并利用这两个变量对农业用地价格差异的影响进行了探讨[②]；Wallac 运用“享乐函数”法对美国某个地区的地价进行了分析和估算；Waugh 运用多元统计方法，构造出一种“享乐函数”法的早期泛函形式，并将一种商品的质量刻画出来，进而对各属性要素的隐含价格进行了估算，从而对商品价格的品质差异性进行了较为系统的研究。另一种观点认为 Court 是最早的享乐主义哲学学者，他认为简单的价格变量不能很好地反映汽车的需求，首次使用三个汽车特征变量（净质量、轴距和马力），将汽车价格作为各种汽车特征的函数进行分析，对汽车价格和需求进行了分析，并在分析中使用了半对数函数形式，最终得出汽车价格指数[③]。

---

① 温婷，蔡建明，杨振山，宋涛．国外城市舒适性研究综述与启示．地理科学进展，2014，33（2）：249－258.

② Colwell P F，Dilmore G. Who was first？An examination of an early hedonic study. Land Economics，1999，4.

③ Goodman A C. Andrew Court and the Invention of Hedonic Price Analysis Journal of Urban Economics，1998，44.

Lancaster（1966）认为，消费者对商品的需求不是基于商品本身，而是基于商品的特性以及这些特性给消费者带来的满足感，这才是效用的真正来源[①]。根据效用理论，消费者消费一种商品的原因是希望最大限度地提高商品在给定价格下的效用。Rosen（1974）将房地产市场中“消费者—政府—开发商”三者的均衡关系进行了归纳总结，并提出了一系列“隐性市场”和“特征价格”的理论框架[②]。该理论与房地产的价格及房地产自身的属性建立了联系。他通过对贸易活动的描述，揭示出了达到平衡状态的根本原因。在此基础上，各种交易活动的主体将共同合作确立享乐价格关系。综上所述，经济学家基于计量经济学的基础，不断完善与修正享乐价格理论。

5.1.2 享乐价格模型的理论基础

（1）Lancaster 的消费者理论。

Lancaster 的消费者理论为享乐价格分析提供了重要的理论依据。传统的消费理论认为，商品是效用产生的直接源泉，为消费者带来满足感。相对于传统的消费理论，该理论提出了一个新的观点，即人们对各种产品的需要都是与产品的属性相关的，而产品所具有的属性的多少决定了产品的效用大小。Lancaster 的消费行为理论主要包括以下几个基本假设：第一，商品本身无法满足顾客的需要，正是商品自身的内在属性将产生效用；第二，同一件商品往往具有多种属性，同一属性也可以反映在多种商品上；第三，商品束整体的内在属性与单个商品的属性具有差异。因此，Lancaster 的消费理论为消费行为研究提供了一个全新视角。

（2）隐性市场理论。

在隐性市场中，不同属性的商品同时被生产、交换和消费。消费者

① Lancaster K J. A new approach to consumer theory, Journal of Political Economy, 1966, 74.

② Rosen S. Hedonic Prices and Implicit Markets: Product Differentiation in Pure Competition Journal of Political Economy, 1974, 1.

为多个商品支付了总的价格，但总价中为每个属性支付的价格是无法获取的。住房市场通常是一个隐性市场，生产者的产出和消费者的消费都是针对住房整体。住房的生产与消费与各种住房属性有关（如区位、结构和邻里属性），但这些属性的消费过程难以监测。对于隐性市场，目前存在两种不同的认识：第一种观点认为，对于一切物品的需要都不是源于其自身，而是源于其固有的属性；第二种观点认为，尽管商品在同一个“市场”内进行贸易，但是由于其异质性的特点，这些商品的价格有很大的差别，因而无法采用传统的经济模型进行分析。享乐分析方法解决了异质性商品分析中的这一难题，它认为，尽管这些商品是异质的，但它们由同质部分的总和组成；尽管总的商品价格不同，但各属性至少具有共同的价格结构。享乐分析法为确定各属性的价格提供了一套方法。

5.1.3　享乐价格模型的分析工具

（1）假设条件。

应用于住房市场下的享乐定价模型具有以下假设：一是基本假设，即住房市场在完全竞争下运行，生产者和消费者可以自由进入市场，买方和卖方拥有关于住房产品和价格的全部信息；二是住房市场可以实现均衡，各内在属性之间不存在价格的互动作用；三是所有消费者都具有相同水平的能力来理解商品的内在属性；四是市场上存在足够多的差异化产品以使商品的可选择性是连续的。基于这些假设，享乐价格模型已被广泛应用于住房市场的研究中。

（2）变量。

享乐价格模型主要关注的是产品属性的隐含价格。现有研究在应用享乐价格模型时主要考虑区位、结构和邻里属性，具体内容如表5－1所示。

一是区位属性。此属性以景观与便利性为衡量指标。在传统的选址研究中，便利性通常以到 CBD 的可达性为指标。消费者往往更在意住房成本和交通成本，并做出折中。交通运输对房价也有一定的影响。消费者对风景秀丽的湖泊、峡谷等自然景观有所偏好，因此，景观常常作为虚拟变量被加入享乐价格模型的构建中。土地使用权也会对住房价格产生重要的影响，与租赁房屋相比，消费者更愿意为拥有自己的房屋付出更多的费用。

二是结构属性。房价与住房结构有很大的关系。总体而言，房屋的面积、房间数、楼层等对住房价格具有显著的影响，而其他属性对住房价格的影响程度因建筑形式、气候等因素而有所不同。已有研究表明，以房屋建筑年限来表示的房屋新旧程度与房价呈负相关关系。同时，地下室、车库、庭院、供暖系统等都会对房价有一定的影响。房屋的构造品质（结构质量）是指房屋所用的建材、房屋的人性化设计、厨房及照明设备的安全性及实用性等。

三是邻里属性。Goodman（1989）提出，尽管在市场中，邻里属性无法获得精确测量，但是通过比较不同具有邻里属性的住房的享乐价格，可以大致估算其邻里属性的价值。学者们通常将邻里特征划分为三种类型：其一，社会经济因素，如社区居民的阶级与职业等；其二，当地的公共服务设施，如学校、医院等；其三，外在性影响，如犯罪率（社会治安）、交通噪声（噪音污染）等。

享乐价格模型中包含的变量如表 5－1 所示。

表 5－1　享乐价格模型中包含的变量

属性	具体内容
区位属性	与 CBD 的接近性
	海景
	山景/高尔夫球场
	墓地/火葬场

续表

属性	具体内容
结构属性	土地使用权（自用还是租用）
	房间、卧室和浴室数量
	占地面积
	地下室、车库和院子
	水/暖气/壁炉
	制冷系统/中央空调
	结构质量（如建筑材料）
	设施（如游泳池、健身房等）
	建筑年限
邻里属性	居民的社会经济地位
	学校
	医院
	教堂
	犯罪
	交通/噪声
	购物中心
	森林
	环境质量（如景观、花园、操场等）

(3) 函数形式。

享乐价格模型的主要函数形式包括参数形式和非参数形式。一是参数形式，通常选取一个实际值为有限个参数所确定的函数，并对该函数进行估计，使得所构建的享受价格函数与原数据实现最优匹配。其中，享乐方程为住宅消费与住宅各项属性之间的关系，自变量则为住宅各项属性，通过回归系数可估算住宅各项属性的隐性价格。二是非参数形式，指的是在未预先建立函数关系的情况下，由数据直接推导出属性的价格。当样本量增大时，估计值趋于真实值。该方法在实际应用过程中需要的数据量很大。由于非参数估计方法不需要严格遵循样本总体分布形式，对模型的约束作用更弱，因而该方法在对房地产市场进行分析时，相比较参数形式的估计具有更好的应用前景，可有效提升享乐价格函数的精度和效度。

这里具体介绍参数形式。

假设消费者得到效用的方式是消费商品，这些商品包括由 J 种不同的特征要素构成的向量 Z 以及复合商品 Y。用函数来表示家庭的偏好，即：

$$\mu = u(Z, Y, \alpha) \tag{5-1}$$

在家庭收入 M 和所达效用水平既定的情况下，该家庭的“竞租”函数可以被定义为如下的隐函数：

$$u = u(Z, M - \beta, \alpha) \tag{5-2}$$

竞租函数的微分$\frac{\partial \beta}{\partial Z_i}$表示在效用水平不变的情况下，随特征要素 i 数量的增加，家庭对住房支付意愿的变化。家庭选择了具有特征要素向量 Z 的房屋，同时消费复合商品 Y，家庭效用最大化可用下式表示：

$$\max_{Z,Y} u(Z, Y, \alpha)$$

$$M \geqslant P(Z) + Y \tag{5-3}$$

$$\frac{u_i}{u_Y} = P_i, \forall i \tag{5-4}$$

其中，$u_i = \frac{\partial u}{\partial z_i}$，$P_i = \frac{\partial P}{\partial z_i}$。通常，把微分 P_i 称为特征要素 i 的享乐价格，把函数 P（Z）称为享乐价格函数。将式（5－4）与式（5－2）联立可得，最优的选择可使竞租函数的斜率等于每个特征要素享乐价格。

$$\frac{\partial \beta}{\partial z_i} = \frac{u_i}{u_Y} = P_i \tag{5-5}$$

对于享乐价格函数 P（Z）的确定，存在成本函数 $C(Z, N, \gamma)$ 由生产者所提供的房屋的特征要素 Z、生产者所建的房屋数量 N 以及区分每个生产者的参数向量 γ 所决定。此时生产者的利润为：

$$\pi = P(Z) \cdot N - C(Z, N, \gamma) \tag{5-6}$$

假设 P（Z）是既定的，则：

$$\max_{Z,N} P(Z) \cdot N - C(Z, N, \gamma) \tag{5-7}$$

一阶条件为：

$$P_i = C_i \forall i \tag{5-8}$$

$$P(Z) = C_N \tag{5-9}$$

因此，当再建一栋房屋时，其边际成本等于原有房屋的价值时，便可停止建造。要使市场达到均衡，就要达到不同类型的房屋的供求平衡。一般来说，此均衡是在一个边际成本曲线和一个竞租曲线的偏导数相切时发生的。这为研究住房等非均质产品的价格与住房特征要素之间的关系提供了一些理论依据。

（4）内生性问题。

在构建享乐价格函数的过程中，存在两个固有的计量经济学问题：一是由数据质量较差而导致的共线性问题，二是观测值之间的随机独立性的缺失。由于家庭对住房具有偏好的相似性和住宅建造技术等因素，不同属性要素之间的差异往往具有内在的局限性。为了更好地处理共线性问题，需要获取更多的信息来进行享乐价格的估算。由于房地产市场具有明显的空间结构特征，在研究中需要注意的是，不同的享受价格模型的误差项在空间上存在明显的相关性，也就是说，观测值在空间上不具有随机独立性。此时，观测值的误差和邻近观测值有相关性，即空间自相关。

5.1.4　享乐价格分析的应用研究

当前，享乐价格的主要研究范围集中在以下两个方面。

（1）通过分析住宅的隐性价格对房地产价格进行估计与预测。

利用享乐价格分析方法，构造出可以反映商品质量变化的物价指数，进而对房地产价格进行估计和预测。将住宅视作一种具有一系列固有属性的商品束，将房地产市场视作一种隐性市场，商品束在这个隐性市场中进行一次性交易。尽管交易价格仅能给出某一组属性的整体价格，无法给出商品单个属性的价格，但是可以基于截面数据与时间序列数据，采用计量经济学分析方法，得到单个属性的隐性价格与影子价格，从而实现对住房价格的估计与预测。

(2) 研究住房市场的需求变化进而分析住房属性与福利设施的需求结构。

对于一个特定的属性来说，享受价格通常是不固定的，所以享乐语境下对住房需求的描述通常不够清晰。在住户面对的房屋价格是恒定的情况下，若已知住户对住房属性的各种偏好，则可构建具有某一偏好的住户的需求函数。这有助于预测当住房市场改变时的消费者行为变化，并且能够对其所带来的费用和收益进行评估。

5.2　城市舒适性对房地产价格影响

5.2.1　房地产价格影响因素

房地产业是我国的支柱产业，在国民经济中占据着重要的位置。据国家统计局统计，2022 年全国房地产开发投资 13.3 万亿元，占固定资产投资的 23.22%，占 GDP 的 11%。住宅是一项反映一国的社会经济发展状况的重要指标。作为住房问题的核心，城市住房价格直接关系到人民群众的切身利益，与宏观经济体制能否正常运行、城镇化能否健康发展也密切相关。因此，深入研究其影响机制具有十分重要的意义。

(1) 国内研究进展。

当前，国内学者从不同尺度对城市房地产价格的影响因素进行研究。

在国家尺度上，王洋等（2013）根据供需理论和城市特征价格理论构建中国城市住宅价格影响因素指标体系，分析了中国 2009 年的 286 个地级以上城市住宅均价和房价收入比的空间分异格局、总体分异趋势、空间异质性和空间相关性，结果表明，城市居民收入与财富水平和城市区位与行政等级特征是住宅价格空间分异的两大核心影响因素[①]。王少剑等（2016）通过空间自相关和核密度函数分析了 2014 年中国住宅价格的空间差异格局，结合地理探测器方法分析住宅价格的影响机制，结果表明，租房户比例、流动人口规模、住房支付能力、住房市场活跃度、土地成本是中国住宅价格差异的五个核心影响因素[②]。杨海珍等（2018）运用面板门槛回归模型，对中国 35 个大中城市 2001～2015 年商品住宅价格波动影响因素的时期与城市差异进行了实证研究，结果表明，2009 年后个人住房信贷可获得性、土地财政和土地供给对房价的影响显著增强[③]。孙昌盛等（2022）采用空间自相关分析及空间热点分析等方法探索了中部经济圈 36 个地级以上城市住宅价格空间分异格局，并建立地理加权回归模型探讨其影响机制，结果表明，城市土地与住宅供给、城市人口规模与需求潜力和城市经济发展特征均对城市住宅价格空间分异产生重要影响[④]。

在城市尺度上，何丹等（2014）对北京市住宅价格的影响因素进行分析，研究发现，轨道交通对住宅价格存在明显的廊道效应和增值效应，容积率、建筑面积、混合住宅等 11 个变量对住宅价格差产生显著影响[⑤]。周佳琪等（2020）用空间插值法和趋势分析法，对合肥普通住宅价格 2016～2017 年的空间变化进行分析，并建立空间网络自回归模型探究其影响因素，结果表明，商业区、地铁、学区、容积率和总建筑面积等均对房价有一定的影响[⑥]。徐丹萌等（2021）以沈阳市 1450 个住宅小区的房价及特征

---

① 王洋，王德利，王少剑．中国城市住宅价格的空间分异格局及影响因素．地理科学，2013，33（10）：1157－1165.

② 王少剑，王洋，蔺雪芹，等．中国县域住宅价格的空间差异特征与影响机制．地理学报，2016，71（8）：1329－1342.

③ 杨海珍，向悦，王开阳．推动中国商品住宅价格的主要因素：时期与城市差异．系统工程理论与实践，2018，38（9）：2256－2266.

④ 孙昌盛，李杰杰，邓炼，张春英．中部经济圈城市住宅价格空间分异格局及影响因素．桂林理工大学学报：2022，1－7.

⑤ 何丹，金凤君．北京市住宅价格的影响因素和轨道交通效应．地域研究与开发，2014，33（5）：59－64.

⑥ 周佳琪，金百锁．基于空间网络自回归变点模型的合肥市房地产价格影响因素分析［J］．中国科学院大学学报，2020，37（3）：398－404.

数据为基础数据，利用 Kriging 空间插值法模拟其房价空间分布格局，并构建地理加权回归模型以探究房价空间分布的影响因素，结果表明，政府调控下的城市资源分配不均衡是沈阳等老工业城市住房价格空间分异的根本原因①。秦佳睿等（2021）建立特征价格模型与逐步回归分析方法探究南京市住宅价格的影响因素，最终筛选出了包括重点学区、城市中心、绿化率等在内的 9 个影响较大的因素②。

同时，国内学者从不同研究视角分析了住宅价格的影响机制。王弟海（2010）在一般均衡视角下，从投资性需求、地方政府治理、保障性住房制度、宏观经济均衡角度对中国高房价的原因进行解析③。曹琳剑等（2014）基于城市发展视角系统分析了各类城市发展因素与商品住宅价格的作用机理④。刘有章等（2019）从空间视角出发，分别采用空间杜宾模型以及地理加权回归模型对长三角地区房价影响因素的空间依赖性和空间异质性进行分析⑤。董小刚等（2020）从可达性视角出发，结合建筑特征、区位特征、邻里特征等方面构建特征价格模型和地理加权回归模型以探究武汉市住宅价格的影响因素⑥。马香品等（2020）从供需视角出发研究中国东、中、西部地区房地产价格的波动差，识别影响房地产供给、需求的关键因素⑦。笪可宁等（2020）从价格聚类和城市等级视角出发分析中国

① 徐丹萌，李欣，张苏文．沈阳市住房价格空间分异格局及其影响因素研究．人文地理，2021，36（6）：125－134.

② 秦佳睿，盛业华，王燕锋，等．南京市住宅价格影响因素分析．地球信息科学学报，2021，23（5）：882－890.

③ 王弟海．透视我国的高房价：一般均衡分析的视角．浙江社会科学，2010，163（3）：13－16，125－126.

④ 曹琳剑，王雪青，王建廷．城市发展视角下商品住宅价格调控影响因素与策略研究．工程管理学报，2014，28（4）：128－132.

⑤ 刘有章，徐颖．中国长三角地区房价影响因素实证分析——基于空间视角．海南大学学报（人文社会科学版），2019，37（6）：77－85.

⑥ 董小刚，乔庆华，翟亮，等．可达性视角下的住宅价格影响因素研究．测绘科学，2020，45（11）：169－176，184.

⑦ 马香品，姚慧琴．供需视角下的我国房地产价格波动的空间差异及成因分析．经济问题探索，2020，451（2）：31－38.

35 个大中城市住宅价格的影响因素[①]。王万涛等（2020）通过脉冲响应函数分析了宏观经济视角下贵州省房价的影响因素[②]。

总的来说，从研究尺度来看，现有的研究大多以国家尺度分别从中国省级、市级和县级层面对房价的影响因素进行实证，而在微观层面，研究区域大多是一些大城市，如北京、上海、广州、南京、武汉等，对中小城市的研究相对不足；从研究视角看，现有研究大多从一般均衡、城市发展、供求关系、宏观经济、价格集聚和城市等级等角度分析城际房价的决定因素，学者则主要从可达性视角，结合建筑特征、区位特征和邻里特征分析城市内部房价；从研究方法上看，城市间住房价格的研究多使用计量模型，以揭示各影响因素对住房价格的作用机制。在对城市内住房价格形成的影响因子进行研究时，学者们往往以某一年或者几年的住房价格为基础，利用特征价格模型对住房价格形成的影响因子进行分析。作为一种异质性商品，房价表现出空间异质性，但房价又受周边基础设施的影响，在空间上是相关的，城市中房价同时存在“空间异质性”与“空间依赖性”。地理加权回归模型能够对当地房价的影响因素进行回归，克服了传统线性回归无法解决的空间异质性问题，因而被广泛应用于城市内房价的空间异质性研究。

（2）国外研究进展。

当前，国外学者从供求关系、消费者个体因素、住宅特征因素等视角研究房价变动的影响因素。在现代西方经济与社会经济理论中，所谓的“市场价格”，其实就是指供需关系达到均衡水平后所形成的一种商品价格。因此，学者们通常会从供需两个方面去探讨影响商品价格均衡的原因。其中，供给侧通常可以从土地价格、建造成本和投资等因素来考虑。其中，土地价格通过影响住房供应与住房成本来影响房价。Nichols 等（2012）的

① 笪可宁，杨贺贝．价格聚类视角下商品住宅价格影响因素实证研究．沈阳建筑大学学报（社会科学版），2020，22（5）：494 - 499.

② 王万涛．贵州省房地产价格影响因素研究——基于宏观经济视角．国土与自然资源研究，2020，188（5）：36 - 38.

研究证实了建筑成本与土地价格对房价的影响①；Altuzarra 和 Esteban（2011）发现了住房价格和土地价格之间存在双向因果关系②；Knoll 等（2017）发现建造成本通过影响住房成本影响房价③；Cuestas（2017）发现投资通过影响住房供应影响房价④。需求侧与收入、人口和就业率等因素有关。Laurinavičius 等（2021）的研究证实了失业率、人均 GDP、通货膨胀率等宏观经济变量对维尔纽斯较高房价的影响，同时发现了人口增长等人口因素与房价变化间的稳定联系⑤；Holly 等（2010）在对美国的研究中发现，家庭收入每增加 1% 能带动房价上涨 1%⑥；Pangallo 等（2019）基于空间代理模型（ABM）研究了收入隔离、收入不平等和房价之间的关系，发现收入不平等的加剧促进了房价的降低⑦；Ng 等（2022）探究了城市不同地区就业可达性对房价的影响差异⑧。人口因素主要通过影响住房需求从而对房价产生影响。Maennig 和 Dust（2008）基于德国的研究发现，人口数量的增长对房价没有显著影响，而人口数量的下降则导致了房价的显著降低。也有学者进一步研究了人口迁移对房价的影响⑨。Morteza 和 Daniel（2019）研究了移民对澳大利亚房价的影响，发现每增加 1% 外来移

---

① Nichols J, Oliner S, Mulhall M. Swings in Commercial and Residential Land Prices in the United States. Journal of Urban Economics, 2012, 73.

② Altuzarra A, Esteban M. Land prices and housing prices: The case of Spain. Journal of Housing and the Built Environment, 2011, 26.

③ Knoll K, Schularick M, Steger T. No Price Like Home: Global House Prices, 1870 – 2012. American Economic Review, 2017, 107: 331 – 353.

④ Cuestas J. House prices and capital inflows in Spain during the boom: evidence from a cointegrated VAR and a Structural Bayesian VAR. Journal of Housing Economics, 2017, 37.

⑤ Laurinavičius A, Laurinavičius A, Laurinavičius A. Macroeconomic variables influencing housing prices in Vilnius. International Journal of Strategic Property Management, 2021, 26: 1 – 11.

⑥ Holly S, Pesaran H, Yamagata T. A Spatio – Temporal Model of House Prices in the US. Journal of Econometrics, 2010, 158: 160 – 173.

⑦ Pangallo M, Nadal J P, Vignes A. Residential income segregation: A behavioral model of the housing market. Journal of Economic Behavior & Organization, 2019, 159: 15 – 35.

⑧ Ng M, Roper J, Lee C L, Pettit C. The Reflection of Income Segregation and Accessibility Cleavages in Sydney's House Prices. ISPRS International Journal of Geo – Information, 2022, 11 (7): 413.

⑨ Maennig W, Dust L. Shrinking and growing metropolitan areas asymmetric real estate price reactions?: The case of German single – family houses. Regional Science and Urban Economics, 2008, 38: 63 – 69.

民，房价将上涨约0.9%，若无移民迁入，澳大利亚的住房价格每年将降低1.1%[①]；Nguyen等（2021）发现在中短期内，移民的增加会导致房价的下降[②]；Saiz（2006）在基于美国的研究中发现移民的流入与房价的增加存在显著正相关，城市人口1%的移民流入引起房屋价值与平均租金约1%的上涨[③]。

5.2.2 城市舒适性对房地产价格的影响

城市舒适性的内涵主要包括城市自然舒适性、人工舒适性以及社会氛围舒适性。城市自然舒适性主要是指城市所在地理位置的自然本底，包括气候、河流等自然环境；城市人工舒适性主要是指城市中居民生活依赖的各项生活服务设施以及城市发展以来的历史文化遗迹等由人工打磨和影响的设施；城市社会氛围舒适性着重关注居民生活的实际心理感受，包括城市的包容性、多样性等[④]。

当前，城市舒适性理论与住宅价格的结合成为房价研究的新领域。综合国内外相关研究与城市舒适性内涵，本书从自然舒适性、人工舒适性和社会氛围舒适性三个角度分析城市舒适性对住宅价格的影响。

（1）自然舒适性对住宅价格的影响。

Nilsson（2014）认为自然舒适物在解释区域内经济增长方面起着重要的作用，因为它们增加了地区之间的竞争力和住房的相对需求[⑤]。由于气

---

① Moallemi M, Melser D. The Impact of Immigration on Housing Prices in Australia. Papers in Regional Science, 2019, 99 (3).

② Nguyen T T H, Balli H, Balli F, Syed I. Immigration and regional housing markets: prices, rents, price－to－rent ratios and disequilibrium. Regional Studies, 2021, 56: 1－13.

③ Saiz A. Immigration and Housing Rents in American Cities. Journal of Urban Economics, 2006, 61: 345－371.

④ 温婷，蔡建明，杨振山，宋涛．国外城市舒适性研究综述与启示．地理科学进展，2014，33(2)：249－258.

⑤ Nilsson P. Natural amenities in urban space－A geographically weighted regression approach [J]. Landscape and Urban Planning, 2014, 121: 45－54.

候、温度等自然因子改善空间有限，可改善的环境（如绿化环境、空气质量等）对房价的影响日益受到关注。

一是绿化环境对住宅价格的影响。绿化环境有利于改善城市空气质量，缓解城市“热岛”现象，营造舒适的居住环境。孔繁花等（2007）结合GIS和景观指数建立特征价格模型，实证分析了济南市城市绿地舒适性对住宅价格的影响①；尹海伟等（2009）基于GIS空间分析方法与享乐价格模型，定量分析了上海主要城市绿地类型对房屋价格的影响，结果表明，城市绿地具有显著的宜人性，其空间分布、面积、类型对房价具有显著影响②；石忆邵等（2010）以上海市黄兴公园绿地为例，综合运用市场比较法、特征价格法等方法，从时间和空间两个层面分析黄兴公园绿地对周边住宅价格的影响效应③；温海珍等（2012）从建筑、邻里、区位、景观四个维度选择25个解释变量构建特征价格模型，定量评估了杭州市内部绿地景观对住宅价格的影响④。

二是空气质量对住宅价格的影响。随着人们对生活品质的追求和对环境的保护程度的提高，人们对空气质量的要求也日益提高。因此，人们在购买住房时，会自然地倾向于选择空气质量良好的区域。当前，国内学者主要采用特征价格模型来研究空气质量对住宅价格的影响。喻胜华等（2018）基于2006~2015年全国35个大中城市的基础数据，采用面板分位数回归方法分析住宅价格的影响因素，结果表明，空气质量是影响住宅价格的重要因素之一，城市人居环境逐渐成为人们选择居住地的重要影响因

① Kong Fanhua, Yin Haiwei, Nakagoshi, N. Using GIS and landscape metrics in the hedonic price modeling of the amenity value of urban green space: A case study in Jinan City, China. Landscape and Urban Planning, 2007, 79: 240-252.

② 尹海伟，徐建刚，孔繁花．上海城市绿地宜人性对房价的影响．生态学报，2009，29（8）：4492-4500.

③ 石忆邵，张蕊．大型公园绿地对住宅价格的时空影响效应——以上海市黄兴公园绿地为例．地理研究，2010，29（3）：510-520.

④ 温海珍，李旭宁，张凌．城市景观对住宅价格的影响——以杭州市为例［J］．地理研究，2012，31（10）：1806-1814.

素，更多的住宅需求者希望能在空气质量较好的城市居住①；武婷等（2019）采用广州市二手房大数据，采用特征价格模型量化研究空气质量对住宅价格的影响，结果显示，PM10浓度对住宅价格有负面影响，而PM2.5浓度与住宅价格呈现正相关关系②；王树强等（2019）采用特征价格模型，选取2005~2017年中国30个重点城市数据并分为东、中、西三大区域进行实证分析，结果表明，空气质量不仅会影响住宅价格，而且具有区域差异性，相对于中、西部地区，东部地区消费者购房时更关注空气质量，在东部地区空气污染每降低1个百分点，会引起住宅价格上涨58.06%，而中部和西部地区空气质量变化不会引起住宅价格变化③；杨路英等（2020）利用北京市二手住宅的相关数据，基于特征价格模型，考察空气质量对住宅价格的影响，结果发现，空气质量指数对住宅价格的弹性系数为-2.46，即空气质量指数每降低1个百分点，住宅价格提高2.46个百分点④。

三是水体环境对住宅价格的影响。城市中的水体环境给人们带来了独特的休闲空间，还对周围地区的生活、人文氛围产生了很大的影响，在提高生态环境质量方面起着举足轻重的作用。Ridker等（1976）通过建立特征价格模型证实空气质量和水资源质量与房价之间存在显著的正向关系⑤；Platter等（1978）通过实证研究证实湖景资源可对住宅的价格提升4%~12%⑥；温海珍等（2012）选取杭州市为研究对象，探究了大型湖景对城

① 喻胜华，赵盼．基于面板分位数回归的住宅价格影响因素分析．财经理论与实践，2018，39（5）：128-133.

② 武婷，沈静．城市空气质量对住宅价格的影响研究——基于广州市二手房的大数据分析．规划师，2019，35（10）：47-52.

③ 王树强，史婧．空气质量对城市住宅价格影响的区域差异性研究［J］．价格月刊，2019，509（10）：14-21.

④ 杨路英，吴玉鸣．空气质量影响住房价格了吗？——来自北京二手住宅市场的微观证据．生态经济，2020，36（6）：168-172.

⑤ Ridker H. The determinants of residential property values with special reference to air pollution［J］. The Review of Economics and Statistics，1976，49（1）：246-257.

⑥ Platter R H，Campbell T J. A study of the effect of water view onsite value［J］. The Appraisal Journal，1978，46（2）：22-25.

市住宅价格的影响，发现住宅价格随着到西湖距离的减小而增大，到西湖的距离每增加1公里，住宅价格将下降6.25%，西湖对住宅价格的空间影响范围为5.62公里[①]；杨剩富等（2016）采用地理加权回归模型定量分析了湖泊、长江对住宅价格的影响程度，结果表明，住宅价格与其影响因素之间呈现明显的空间非平稳性，湖泊和长江对住宅价格的平均边际价值分别为0.52元/平方米和0.15元/平方米[②]。

（2）人工舒适性对住宅价格的影响。

人工舒适性对房价的影响，主要表现为各种公共服务设施对房价的影响。公共服务设施资源分配的差异性将造成住房价格的空间不均衡。

一是教育设施对住宅价格的影响。已有研究发现教育设施的数量对住宅价格具有正向影响，即提升住房价格。Sung 和 Ki（2021）发现教育和文化设施的可及性通过影响居民的住房需求来影响住房价格[③]；Wen 等（2014）在对杭州的研究中证实了幼儿园、高中、大专院校的可达性导致了周边房价的提高，具体表现为在距离社区1公里范围内增加1所幼儿园，可促进房价上涨0.3%，房屋位于距离高中或大学1公里以内时，房价上涨2.737%或0.904%[④]；蔡真等（2012）发现小区1公里教育设施的数量特征对住宅价格有正向影响[⑤]；周京奎等（2009）发现在省域尺度，中学数量和高等院校数量对住房价格的影响为正，而中学数量比高等院校数量的影响更加显著[⑥]；周华等（2007）发现高等教育设施对住房价格的影响超

① 温海珍，卜晓庆，秦中伏．城市湖景对住宅价格的空间影响——以杭州西湖为例［J］．经济地理，2012，32（11）：58－66.

② 杨剩富，胡守庚，徐枫，等．特殊自然地物对城市住宅地价和房价的影响——以武汉市为例［J］．资源科学，2016，38（4）：738－749.

③ Sung M，Ki J. Effects of Educational and Cultural Facilities on Housing Prices in Seoul from an Accessibility Perspective. Journal of People Plants and Environment，2021，24：529－544.

④ Wen Haizhen，Zhang Yang，Zhang Ling. Do educational facilities affect housing price? An empirical study in Hangzhou，China. Habitat International，2014，42.

⑤ 蔡真，汪利娜．住宅市场的价格特征：以北京市为例．金融评论，2012（6）：11－33.

⑥ 周京奎，吴晓燕．公共投资对房地产市场的价格溢出效应研究：基于中国30个省市数据的检验．世界经济文汇，2009（1）：15－32.

过了初等教育设施[①]；王松涛等（2007）从可达性视角出发，应用特征价格模型分析了北京市各类公共服务设施可达性对商品住房价格的影响，结果表明，文化设施、重点高中对住宅价格具有正向效应[②]。教育设施的质量同样对住房价格有促进作用。杨振刚和宋姗姗（2010）[③]将北京市海淀区43所小学划分为一流学校和二流学校，通过分析发现一流小学周边住房价格显著比二流学校周边住房价格高出6000多元/平方米。朱传广等（2014）从住房地价的角度出发，发现住宅用地所处的学区范围内的中小学质量越高，住宅地价越高，房价也越高[④]。

二是医疗设施对住宅价格的影响。李然好等（2021）发现北京市医疗和交通可达性对房价有显著的正面影响[⑤]；彭建东等（2022）研究发现，综合医院对住宅价格具有一定正面影响，且这种影响呈现一定的异质性，即远城区综合医院对住宅价格的影响相较于主城区更大[⑥]；彭保发等（2015）研究发现，住宅与医院的距离每缩短50米，住宅价格平均下浮0.602%[⑦]；Rivas等（2019）发现租房者更倾向于选择附近没有医院的地区的房屋[⑧]。综合来看，医院对住宅价格兼具正向影响与负向影响。其主要是因为一些大型医院在满足居民就医需求的同时，也由于周边交通拥堵、人车流量大、噪声干扰强等原因，对周边居民的生活质量产生了潜

① 周华，李同升．基于Hedonic模型的西安市住宅价格空间分异机制研究．西安文理学院学报：自然科学版，2007，10（2）：68－71.

② 王松涛，郑思齐，冯杰．公共服务设施可达性及其对新建住房价格的影响——以北京中心城为例．地理科学进展，2007（6）：78－85，147－148.

③ 杨振刚，宋姗姗，郭舰．小学教学质量对住房价格影响的研究．财经界，2010（12）：111－113.

④ 朱传广，唐焱，吴群．基于Hedonic模型的城市住宅地价影响因素研究：以南京市为例．地域研究与开发，2014，33（3）：156－160.

⑤ 李然好，龚世泽，高勇．北京市公共服务设施可达性及其对住房价格的影响［J］．北京大学学报（自然科学版），2021，57（5）：875－884.

⑥ 彭建东，潘俊锋，陈宇杰等．公共服务设施对周边房价的空间效应研究——基于武汉市综合医院案例分析．价格理论与实践，2022，1－4.

⑦ 彭保发，石忆邵，单玥，等．上海市二甲医院对周边地区住房价格的空间影响效应分析．地理科学，2015，35（7）：860－866.

⑧ Rivas R，Patil D，Hristidis V，Barr J，Srinivasan N. The impact of colleges and hospitals to local real estate markets. Journal of Big Data，2019，6.

在的影响。

三是交通设施对住宅价格的影响。区域的通达性提高将降低居民的交通成本，将提升区域区位优势从而影响住宅价格。Chakrabarti 等（2022）深入研究了交通网络中心性对城市住房价格的积极影响①；Yazdanifard 等（2021）探究了新地铁站的开通对住房价格的影响，发现每增加一个地铁站，相邻的房产价格平均上涨约 3.7%②；Welch 等（2016）发现，随着与最近的轻轨交通和有轨电车站的网络距离减少，住房价格也随之上升③；王琳（2009）采用特征价格法定量研究城市轨道交通对沿线住宅价格的影响，研究发现城市轨道交通对沿线住宅价格有显著的增值效应④；谷一桢等（2010）发现轨道交通对郊区住宅价格的影响要大于城市中心区，具体表现是轨道交通站点周边 1 公里内的住宅价格要比 1 公里外高出近 20%⑤；武倩楠等（2016）揭示了城市轨道交通可达性提高和住宅价格增值的关系，结果表明，住宅价格增值约为可达性提高值的 5 倍⑥。

（3）社会氛围舒适性对住宅价格的影响。

根据社会氛围舒适性的内容，本书主要梳理了移民与犯罪率对房价的影响。

一是移民对房价的影响。移民对房价的影响分为直接需求效应与间接影响，主要通过直接促进住房需求的增加引起城市房价的上涨。陆铭等（2014）研究发现在移民占比变化更大的城市，房价和房价增长率都

---

① Chakrabarti S, Kushari T, Mazumder T. Does transportation network centrality determine housing price?. Journal of Transport Geography, 2022, 103.

② Yazdanifard Y, Joshaghani H, Talebian M. Metro station inauguration, housing prices, and transportation accessibility: Tehran case study. Journal of Transport and Land Use, 2021, 14: 537-561.

③ Welch T, Gehrke S R, Wang Fangru. Long-term impact of network access to bike facilities and public transit stations on housing sales prices in Portland, Oregon. Journal of Transport Geography, 2016, 54: 264-272.

④ 王琳. 城市轨道交通对住宅价格的影响研究——基于特征价格模型的定量分析. 地域研究与开发, 2009, 28 (2): 57-61, 70.

⑤ 谷一桢，郑思齐. 轨道交通对住宅价格和土地开发强度的影响——以北京市 13 号线为例. 地理学报, 2010, 65 (2): 213-223.

⑥ 武倩楠，叶霞飞. 城市轨道交通可达性提高和住宅价格增值关系. 同济大学学报（自然科学版）, 2016, 44 (6): 899-906.

更高[①]；杨本建等（2023）的研究表明，外来移民通过直接的住房需求与对本地居民流动性的影响来促进城市房价的变化，具体表现为外来移民占比增加 1%，城市房价上涨 0.59%[②]；李嘉楠等（2017）推测外来人口很可能通过影响高技能劳动者的收入与迁入地的企业与工厂来间接影响城市房价[③]。Gopy - Ramdhany 和 Seetanah（2020）发现在短期内，移民对房价有显著的正向影响，而从长期来看，这两个变量之间没有显著的关系[④]；Degen 和 Fischer（2017）对瑞士的研究发现，相当于当地人口 1% 的外来移民进入会推动独栋住宅价格上涨 2.7%[⑤]；Saiz（2006）在对美国的研究中发现，外来移民每增加 1% 将引起城市房价与租金 1% 的上涨[⑥]。

二是犯罪对房价的影响。一些学者发现犯罪率对地区房价有显著的抑制效应。Cheung 和 Yiu（2022）发现犯罪率对房价的影响受到爱彼迎（Airbnb）房源数量的负面影响[⑦]；Wong 等（2019）研究了马来西亚犯罪率和住房价格之间关系，解释了犯罪风险对住房价格的负面影响[⑧]；Ceccato 和 Wilhelmsson（2019）的研究表明犯罪总体上抑制了房地产价格，但犯罪热点对房屋价格的影响要比犯罪发生的影响更大[⑨]；Tita 等（2006）发现

---

① 陆铭，欧海军，陈斌开．理性还是泡沫：对城市化、移民和房价的经验研究．世界经济，2014，37（1）：30 - 54.

② 杨本建，林云鹏．外来移民对城市房价的影响：一种基于本地居民流动性的分解．经济学报，2023，10（1）：280 - 309.

③ 李嘉楠，游伟翔，孙浦阳．外来人口是否促进了城市房价上涨？——基于中国城市数据的实证研究．南开经济研究，2017（1）：58 - 76.

④ Gopy - Ramdhany N，Seetanah B. Does Immigration Affect Residential Real Estate Prices? Evidence From Australia，2020.

⑤ Degen K，Fischer A M. Immigration and Swiss House Prices. Swiss J Economics Statistics，2017，153：15 - 36.

⑥ Saiz A. Immigration and Housing Rents in American Cities. Journal of Urban Economics，2006，61：345 - 371.

⑦ Cheung K S，Yiu E. The paradox of airbnb，crime and house prices：A reconciliation. Tourism Economics，2022.

⑧ Wong W，Azhari Ad，Abdullah N A H，Yin Y. Estimating the impact of crime risk on housing prices in Malaysia. International Journal of Housing Markets and Analysis. ahead - of - print，2019.

⑨ Ceccato V，Wilhelmsson M. Do crime hot spots affect housing prices? Do crime hot spots affect housing prices? Nordic Journal of Criminology，2019，21.

犯罪率对不同社区的吸引力产生不同程度的影响，且暴力犯罪对房价造成的负面影响最严重①。

5.3 城市舒适性对土地市场价格影响

住房市场与土地市场共同构成了房地产市场，因此住房价格与土地价格高度关联。相对房价而言，关于地价影响因素的文献较少，但两者具有相似的基本分析框架。与前面一致，综合国内外相关研究与城市舒适性内涵，本部分从自然舒适性和人工舒适性两个角度分析城市舒适性对土地市场价格的影响。

（1）自然舒适性对土地市场价格的影响。

自然舒适性方面，当前学者主要关注造成土地价格下降的因素，如噪声污染、空气污染等因素将导致土地的市场需求下降。例如，Kim 等（2007）探究了公路交通噪声对首尔市区地价的影响，发现交通噪声每增加1%，土地价格就会下降1.3%②；Espey（2000）的研究发现机场所产生的噪声促使周围住宅用地价格下降了9.44%③；Liang（2023）发现空气质量的改善显著提高了土地价格，反之则对土地价格具有抑制效应，居民对清洁空气的支付意愿变化更加反映在住宅用地和商业用地的价格变动上④；Smith 和 Huang（1995）发现，PM10 每一单位的下降会使得单位地价0.1%

---

① Tita G，Petras T，Greenbaum R. Crime and Residential Choice：A Neighborhood Level Analysis of the Impact of Crime on Housing Prices. Journal of Quantitative Criminology，2006，22：299－317.

② Kim K，Park S，Kweon Y. Highway traffic noise effects on land price in an urban area. Transportation Research Part D：Transport and Environment，2007，12：275－280.

③ Espey M. The Effects of Airport Noise on Residential Property Values. Growth and Change，2000，31：408－419.

④ Liang Changyi. The impact of air pollution on urban land price and willingness to pay for clean air－Evidence from micro level land transactions in China. Journal of Cleaner Production，2023，414：137790.

的价值上涨[①]。Zhu 等（2018）的研究表明，城市水系统处理对住宅用地价格产生了积极影响，土地与水系统之间的距离每增加一单位，居住用地单价减少 2.47%[②]。

（2）人工舒适性对土地市场价格的影响。

从理论上看，土地价格的变化和到公共服务设施的距离与交通的便捷程度有紧密联系。早期的研究学者 Weigher 和 Zerbst（1993）发现，房产地块与公园距离的减少将导致其土地价格的提高[③]；Ahlfeldt 和 Maennig（2007）对柏林的土地价格进行了研究，得出多功能体育场对其周围 3 千米以内的土地价格产生明显的促进作用[④]；阚博颖等（2019）的研究发现，城市公共设施对住宅地价的负向效应有扩大趋势，“教育型”设施逐渐成为居民购房行为的重要影响因素，各影响因素对住宅地价的平均边际贡献程度为“大学 > 医院 > 公园绿地 > 小学 > 幼儿园”[⑤]；Slade（2017）通过检验新的沃尔玛商店对周边土地价格的影响，证实了大型商店的增加对于地价有积极影响[⑥]；Kanasugi 和 Ushijima（2017）研究发现了高速铁路布局对住宅土地价格的积极影响[⑦]。

---

① Smith V，Huang J. Can Markets Value Air Quality? A Meta – Analysis of Hedonic Property Value Models. Journal of Political Economy，1995，103：209 – 227.

② Zhu Jiwei，Chen Bo，Lu Ping，Liu Jianlin，Tang Gang. Impact of urban water system treatment on the surrounding residential land price. Arabian Journal of Geosciences，2018，11.

③ Weigher J，Zerbst R. The Externalities of Neighborhood Parks：An Empirical Investigation. Land Economics，1973，49：99.

④ Ahlfeldt G，Maennig W. Impact of sports arenas on land values：evidence from Berlin. SSRN Electronic Journal，2007.

⑤ 阚博颖，濮励杰，徐彩瑶，朱明，黄思华，谢正栋．基于 GWR 模型的南京主城区住宅地价空间异质性驱动因素研究．经济地理，2019，39（3）：100 – 107.

⑥ Slade B. Big box stores and urban land prices：friend or foe? Real Estate Economics，2017，46.

⑦ Kanasugi H，Ushijima K. The impact of a high – speed railway on residential land prices：The impact of a high – speed railway on land prices. Papers in Regional Science，2017，97.

第6章　城市舒适性与文化旅游

城市舒适性概念自诞生之初就与文化旅游具有内在联系，城市舒适性的提出者Ullman（1954）发现佛罗里达州移民增长最快的地区拥有令人舒适的“旅游”气候①。尽管城市舒适性的内涵发展至今经过了不断演变，但其与旅游一直存在天然联系。例如，最早的城市舒适性强调自然属性，而自然舒适性中的气候与自然风景等同时也是重要的旅游吸引物；随着城市舒适性内涵逐渐侧重于城市文化娱乐与消费环境以及社会文化氛围，休闲娱乐设施与消费体验以及地方文化依然是城市旅游和全域旅游关注的重要领域。因此，城市舒适性对旅游地理研究具有重要意义。

6.1　旅游舒适物的定义与内涵

当前，伴随社会经济的快速发展，人的物质生存需求基本得到满足，社会性需求和精神性需求占据日益重要的地位，休闲和娱乐成为人们日常生活的重要组成。消费升级正成为城市经济增长的重要推动要素。由于需求结构的转型，人们的消费进入“发展型消费”阶段，休闲生活方式也随之发生转变。那些使人感到舒适、愉悦的舒适物成为反映休闲生活方式的一枚棱镜，能够折射现代人的主流价值与精神需求，并成为地方的环境和生活方式是否具有吸引力的表征。而随着旅游组织方式趋于散客化以及旅

① Ullman E L. Amenities as a factor in regional growth. Geographical Review, 1954, 44 (1): 119－132.

游目的地发展趋于全域化，当代旅游活动更前所未有地依赖于城市舒适物系统供给能力。对城市而言，无论是自然舒适物、人工舒适物，还是社会氛围舒适物，都构成其旅游供给中的特定方面。在旅游活动中，游客不仅要观看某些景点，还会将城市总体舒适物系统纳入其旅游体验①。当前我国城市与旅游融合发展的重心正从注重产业经济效益迈向更注重社会文化效益。越来越多的城市将旅游作为进一步打造都市场景、完善供给体系、提升生活品质的“利器”，力求将城市旅游吸引力转化为对科技、创意和人才的吸纳力。而舒适物正是加速实现上述转化的关键。

从旅游舒适物的概念源起来看，旅游舒适物与消费主义、场景理论有着紧密的关系，因此以下将从消费主义和场景理论与旅游舒适物研究的关联进行展开。

Glaeser 等在“消费城市”概念中指出两方面的舒适物对于城市的成功尤为重要：一方面是与目的地的经济状况相关的舒适物，主要包括城市所能提供的丰富多样的服务和非贸易消费品，如酒店和其他住宿、食品和饮料、价格和生活成本、商店提供的产品的质量和种类、信息和旅游服务以及安全；另一方面是与美学和物理环境相关的舒适物，如自然舒适物（如城市的自然景观、地理特征）和历史设施（如纪念碑、公园、博物馆或其他建筑）。对于以上两个方面的舒适物，Lanzara 等（2019）认为前者属于内源性舒适物的范畴，而后者属于外源性舒适物的范畴，内生和外源舒适性在城市层面相互作用，并对城市经济发展和居民福利产生影响②。

旅游舒适物与消费主义的联系体现在旅游活动的过程中。首先，内生性舒适物反映了游客在目的地逗留期间体验的各种产品和服务，因此成为旅游目的地分析的重要方面。游客会综合考虑在目的地旅游体验的各个方面，其中整体幸福感是评价旅游体验的主要因素，游客对当地内生舒适物

---

① 王宁．城市的舒适物配置与空间正义．旅游学刊，2017，32（4）：2－4.

② Lanzara G，Minerva G A. Tourism，amenities，and welfare in an urban setting. Journal of Regional Science，2019，59（3）：452－479.

的认可有助于提高游客的幸福体验①。其次，与消费设施相关的非贸易服务业的机构数量和就业人数也会影响目的地城市的游客体验。对于外生性舒适物（即自然和历史文化舒适物）水平相似的城市而言，非贸易服务业机构数量和就业人数的合理配置可以使城市拥有更强的旅游吸引力。王宁等（2014）从消费社会学视角，指出城市舒适物系统使得城市本身构成一个大型综合型消费品，从而吸引外来的消费者前来消费。旅游行为通过对舒适物的重新配置，成为城市吸引外来购买力，从而促进本地就业和经济发展的一个重要手段②。部分学者对旅游舒适物移民现象进行探索，发现城市舒适物的心理和情感魅力可以使游客渴望季节性或永久居住，以期获得和保留这种休闲生活方式。城市的休闲道路、高尔夫球场、剧院、公园、博物馆、餐馆和购物中心等舒适物的心理吸引力是显而易见的③。此外，旅游舒适物也可能来自环境特征，如地形、气候、湖泊和河流以及有吸引力的生物群落（例如，温带落叶林的秋色），因为它们具有固有的审美价值④。通过建立自然保护区、自然公园，增加娱乐休闲活动设施以及与之配套的交通网络，旅游目的地的自然环境可以转化为旅游舒适物⑤。在实证研究方面，已有大量文献研究了消费需求的构成与旅游舒适物多样性之间的联系。例如，Waldfogel（2012）发现人口结构（如种族、收入和教育）会影响美国各城市休闲餐厅的类型⑥。Mazzolari 等（2012）发现，外

---

① Uysal M, Sirgy M J, Woo E, et al. Quality of life (QOL) and well - being research in tourism. Tourism Management, 2016, 53: 244 - 261.

② 王宁. 城市舒适物与消费型资本——从消费社会学视角看城市产业升级. 兰州大学学报（社会科学版），2014, 42 (1): 1 - 7.

③ Johnson K M, Beale C L. The Recent Revival of Widespread Population Growth in Nonmetropolitan Areas of the United States. Rural Sociology, 1994, 59 (4): 655 - 667.

④ Van Berkel D B, Verburg P H. Spatial quantification and valuation of cultural ecosystem services in an agricultural landscape. Ecological indicators, 2014, 37 (5): 163 - 174.

⑤ Brown G. Mapping landscape values and development preferences: a method for tourism and residential development planning. International journal of tourism research, 2006, 8 (2): 101 - 113.

⑥ Waldfogel J. The median voter and the median consumer: Local private goods and population composition. Journal of urban Economics, 2008, 63 (2): 567 - 582.

来移民的比例与加利福尼亚州民族特色餐馆的数量有关[①]。类似地，Lanzara 等（2019）对意大利旅游业以及意大利城市的景点和纪念品商店数量相关性的研究表明，游客对城市的休闲旅游次数直接取决于当地休闲娱乐舒适物的种类[②]。

此外，还有学者从场景理论视角探讨目的地旅游业与舒适物之间的关系。伴随着社会文化价值的变迁，人们的美学敏感性变得更高，城市文化风格变得越来越重要[③]。从观察者角度来看，可以发现城市空间可以体现出一定的审美特征和地方文化风格[④]，其中，具有共同价值观或爱好的群体以城市中的舒适物为载体在不同场景中展开互动和生活实践，从而传递和体现着群体所共享和遵循的行为规范与文化价值观。因此，场景（scenes）并非空间容器，而是能够实现舒适物、人、空间环境充分互动，并创造丰富文化意义的公共空间组合。场景对主体的社会空间构建能动性的强调使得其区别于景观（landscape）概念，后者没有考虑人的要素，是被动的审美对象；前者则将人与环境的互动过程作为解释由此创造出的社会文化意义的前提。在此基础上，新芝加哥社会学派 Clark 等学者提出场景理论，将场景视作多维复杂体，并提炼为包含真实性（authenticity）、戏剧性（theatricality）和合法性（legality）的地方文化分析框架，旨在理解后工业城市场景的文化与美学特征，从而解读文化生活的集聚。场景理论突破了传统的城市经济学和社会学理论范式，强调价值的多元性和复杂性，关注审美特征和地方文化。根据该理论范式，Weber 提出的“价值理性”往往被纳入地方发展的议题之中，审美特征被用于解释地方的社会经济发

① Mazzolari F, Neumark D. Immigration and product diversity. Journal of Population Economics, 2012, 25: 1107 - 1137.

② Lanzara G, Minerva G A. Tourism, amenities, and welfare in an urban setting. Journal of Regional Science, 2019, 59 (3): 452 - 479.

③ Lloyd R, Clark T N. The city as an entertainment machine. Critical perspectives on urban redevelopment, 2001, 6 (3): 357 - 378.

④ 薛雨萌，周永博，李东晔．场景与国民舒适物构建：一个概念演进的分析视角．旅游导刊，2022, 6 (5): 28 - 49.

展。因此，有学者认为，场景不仅是各种舒适物的组合，更是体验、意义和情感的载体。一座城市的文化与价值观隐藏在社区、建筑、风俗、社会活动、人口特征之中，并外化为城市空间中的舒适物。城市的文化与价值观并非抽象地存在，而是具体表现在众多场景的舒适物体系之中。场景所蕴含的文化与价值观，透过符号和信息形成文化认同，吸引人力资本、催生创意产业，推动区域更新与转型。基于中国的本土案例研究同样表明，场景理论具有适用性和解释力。文化和社会地理学对“舒适性”或“舒适物”的研究也不断丰富着“场景理论”内涵①。

从旅游舒适物与场景的关系看，场景是文化、审美与价值的集成，蕴含着抽象且丰富的意义。舒适物则是人们融入、感受与体验场景的载体与媒介。相比于场景的抽象性，舒适物作为客观实在，具有易辨认、易定位、可计量的特征。因此，舒适物是衡量场景品质的有效指标②。根据舒适物的分布特征、数量与功能可以识别地方场景的品质，从而实现对场景特征的界定。例如，吴军（2019）基于北京的案例分析表明，具体的城市舒适物（如文化活动、生活质量、娱乐休闲消费、生活方式等反映地方美学或文化特征的元素）通过组合后，构成了独特的地方场景。场景中蕴含审美趣味、价值观、生活方式和体验，对新经济增长和人口流动具有驱动作用③。傅才武等（2021）将长沙超级文和友作为研究对象，从场景理论的视角将其舒适物分为老字号小吃、特色商店、年代电玩等28类，并从场景理论的3个维度和15个子维度对舒适物进行定量评价打分④。然而，张必春等（2022）认为并非所有场景都包含场景理论中的子维度，如夜生活场

① 张必春，雷晓丽．夜生活场景提升城市发展新动力的作用机制研究——基于35个城市样本数据的实证分析．现代城市研究，2022，(10)：23－31.

② Silver D A，Clark T N. Scenescapes：How qualities of place shape social life. Chicago，USA：University of Chicago Press，2016.

③ 吴军．文化场景营造与城市发展动力培育研究——基于北京三个案例的比较分析．中国文化产业评论，2019，27（1）：305－323.

④ 傅才武，王异凡．场景视阈下城市夜间文旅消费空间研究——基于长沙超级文和友文化场景的透视．武汉大学学报（哲学社会科学版），2021，74（6）：58－70.

景并不包含戏剧性或合法性的子维度，加之如“领袖魅力”“自我表达”或“迷人”等场景子维度的分类并非社会科学领域的常见分类，因此实证研究中应结合案例城市或场景的实际情况对场景的维度和子维度进行判断、界定。

文化场景维度释义如表6－1所示。

表6－1 文化场景维度释义

主维度	子维度	子维度释义	舒适物示例
真实性（Authenticity）	本土性（Locality）	典型的当地传统属性的做法	本地市场
	族群性（Ethnicity）	典型的当地传统属性的做法	特色餐饮、小吃
	国家性（State）	具有国家印记的场所及参与市民生活的行为	纪念馆
	企业性（Corporateness）	团体的品牌、标志和文化标准化	连锁酒店
	理性主义（Rationality）	未被政治和商业影响的自发思考	书店
合法性（Legitimacy）	传统主义（Tradition）	影响当下行动的历史原因	博物馆
	领袖魅力（Charisma）	使人追随的魅力属性	电影院
	功利主义（Utilitarianism）	利益驱使下的生产力和产品附加值	便利店、彩票站
	平等主义（Egalitarianism）	使所有人受到平等与公平对待	公园、图书馆
	自我表达（Self－expression）	依据个人的人格、独特的生活方式进行实践	DIY体验店
戏剧性（Theatricality）	迷人性（Glamour）	耀眼、闪烁、魅力的自我展示	电视台、剧院
	睦邻性（Neighborliness）	热情、关怀，强调亲密性与邻里关系的属性	桌游室
	越轨性（Transgression）	打破传统、主流礼仪、着装与举止的属性	纹身店
	正式性（Formality）	高度仪式化、风格标准化的属性	西餐厅
	爱炫性（Exhibitionism）	具有张扬的个性，愿意受人关注的属性	美容美发、酒吧

资料来源：笔者根据文献整理。

尽管舒适物是一种有效的指标，但以舒适物衡量场景仍存在一定的局限性。即便如此，舒适物为测量、描述场景提供了广泛的方法空间，研究者不断探索用更多方法挖掘特定场景的本质，为未来的场景研究提供了启发。此外，需要注意的是，作为能给人带来主观愉悦的地方特性或设施，“愉悦”的主观性决定了舒适物构成的相对性，体现为在不同文化语境中，各种群体对环境质量的偏好存在差异。舒适物的构成也会因时间与空间尺度而有所不同，根据逗留时间的长短，吸引旅游者、季节性移民和永久移民的舒适物类型各不相同。因此，旅游舒适物研究需要更多地基于不同文化语境、不同类型旅游目的地的案例研究，以回应愉悦感受的主观性和相对性。

6.2 舒适性对旅游产业的影响

对居民而言，城市是生产和消费的中心；对游客而言，城市舒适性意味着更丰富的服务和消费品、具有美感的环境、良好的公共服务以及与他人联系的便捷性。游客对旅游目的地的舒适性需求在很大程度上与用于评估居民生活质量的指标相吻合。在城市舒适性评价的相关文献中，城市舒适性从多个维度影响居民的居住体验，其中经济和非经济因素都被认为是影响居民体验的决定因素，具体而言，文化和娱乐、包容性、犯罪率、公园、气候、房价、消费和收入是目的地评估的主要指标，而个人特征（即教育、就业条件、年龄、家庭组成等）在满足居民的生活环境需求方面具有中介作用①。因此地方决策者在发展和维持一个地方的竞争力时可以利用这些因素进行规划和合理安排②。类似地，城市舒适性对旅游产业的影响也是多维度的，主要包括以下几个方面。

（1）舒适性促进旅游经济增长。

城市舒适性作为地方不可移动和交易的某种令人愉悦的特质，必须在

① Aslam A，Corrado L. The geography of well - being. Journal of Economic Geography，2012，12（3）：627 - 649.

② Rogerson R J. Quality of life and city competitiveness. Urban studies，1999，36（5 - 6）：969 - 985.

生产地（即旅游目的地）消费，因此成为当地就业、税收、满足审美需求的基础和来源，从而为当地带来旅游产业溢出和城市经济增长。首先，自然舒适性（如优美的景观、特殊的地貌）对地区旅游产业和区域经济增长的重要价值受到学者关注。Isserman（2001）将自然舒适性视为竞争优势的来源，并认为自然舒适性可以创造新的经济机会①。在自然舒适性相关研究中，自然舒适性被认为是一种替代性的、额外的增长引擎，为某些经济不发达地区提供了大量的经济机会。一方面，自然舒适性可以作为旅游和休闲娱乐产业的基础发挥作用，从而创造就业机会。但这种经济效益可能是季节性的、临时的，就业岗位则可能是兼职的、低技能的。另一方面，除了刺激旅游业发展外，自然资产还对以舒适性为迁移动因的移民具有吸引力，该类移民多数受过高等教育，具有较高流动性②。因此，自然舒适性对区域经济增长的促进作用是显而易见的③。其次，近年来有关舒适性主导的经济增长研究逐渐认识到社会、政治、经济等维度舒适性的重要性，尤其是与游客旅游体验最相关休闲娱乐机会和支撑服务体系④。这是因为旅游产品不仅与旅游业集群有关，还与地方文化体系、旅游生产与消费之间的复杂关系相关。以历史文化旅游为例，通过基于本地的文化旅游参与、产品购买和消费所创造的地方感，游客得以与当地居民以及当地社会文化进行互动，从而获得地方体验，形成基于特定地点的历史文化印象，促进历史文化旅游目的地经济增长⑤。因此，文化舒适性也被视为旅游舒适性中不可分割的一部分。再次，从消费舒适性的维度，商店、咖啡馆、餐馆

① Isserman A M. Competitive advantages of rural America in the next century. International Regional Science Review, 2001, 24 (1): 38 –58.

② Marcouiller D W, Kim K K, Deller S C. Natural amenities, tourism and income distribution. Annals of tourism research, 2004, 31 (4): 1031 –1050.

③ Van Berkel D B, Munroe D K, Gallemore C. Spatial analysis of land suitability, hot – tub cabins and forest tourism in Appalachian Ohio. Applied Geography, 2014, 54: 139 –148.

④ Holmes J. Impulses towards a multifunctional transition in rural Australia: Gaps in the research agenda. Journal of rural studies, 2006, 22 (2): 142 –160.

⑤ Kourtit K, Nijkamp P, Romão J. Cultural heritage appraisal by visitors to global cities: the use of social media and urban analytics in urban buzz research. Sustainability, 2019, 11 (12): 3470.

等舒适性的有机组合不仅为创意阶层创造了一种城市化、多样性、富有活力和包容的良好氛围，为面对面接触和隐性知识的交流提供了环境，同时也作为专门的消费场所为商业蓬勃发展创造了条件[①]。因此，部分实证研究认为，尚未进行粗放开发，但具有丰富舒适性的城市应该战略性地发展城市全域旅游，以实现总体经济的快速增长。

（2）舒适性提供旅游服务和消费。

城市舒适性作为有形或无形的系列商品和服务，为游客提供的丰富消费机会，如人造和自然景观体验以及当地服务。首先，在许多地区自然资源一直是旅游产品的来源和基础，因为它们具有固有的审美价值[②]。其次，城市所提供的消费机会和服务作为本地舒适性的重要组成部分，对旅游产业也有着重要作用。Carlson 等（2004）发现，对于葡萄酒体验旅游而言，酒庄所能提供的服务非常重要。具体而言，影响游客体验的舒适性涉及酒庄的服务质量、设施和环境，葡萄酒生产商可以通过提供有价值的葡萄酒消费体验来获得产品溢价[③]。再次，文化遗产也是吸引游客前往许多城市的重要舒适性，城市中富有活力、高度集聚、具有本真性的历史文化空间能为游客提供丰富的历史文化舒适物，包括这些地区的生活文化、有吸引力的地方资产或地标等，这些舒适物可以与人口密度、社会认知、国际社会联系和种族文化多样性等地方因素相结合，为游客欣赏原始和真实的生活方式、接触特色地标、城镇景观创造机会[④]。最后，舒适性的作用与目的地类别之间存在密切联系，例如，既有研究表明食品和安全是国际游客最重视的旅游舒适物，而自然舒适物对国内游客的影响更为显著；对目的地是艺术城市的游客而言，艺术和历史设施质量是他们旅游体验的主要决

---

① Kloosterman R C. Cultural amenities: Large and small, mainstream and niche—A conceptual framework for cultural planning in an age of austerity. European Planning Studies, 2014, 22 (12): 2510 - 2525.

② Deller S C, Tsai T H, Marcouiller D W, et al. The role of amenities and quality of life in rural economic growth. American journal of agricultural economics, 2001, 83 (2): 352 - 365.

③ Carlson, J. A review of global wine tourism research. Journal of wine research, 2004, 15 (1): 5 - 13.

④ Guzmán P C, Roders A R P, Colenbrander B J F. Measuring links between cultural heritage management and sustainable urban development: An overview of global monitoring tools. Cities, 2017, 60: 192 - 201.

定因素。值得注意的是，对于具有不同出游目的的游客而言，目的地住宿质量作为内生舒适性始终发挥着相关作用，这可能是由于住宿质量也包含其他舒适性，如早餐设施和住宿周边景观等①。

（3）多方主体围绕舒适性展开互动。

涉及其中的主体包括游客、当地居民，以及其他旅游产业的利益相关者。首先，居民是生产旅游商品的重要主体和旅游产业的参与者，更是当地城市舒适性的组成部分。因此，基于当地社区的城市旅游产业可以被视为复合利益相关产业，并进一步归类为“社区产业”。在此背景下，游客与当地居民对当地商品和服务的消费存在竞争关系，可能无法公平分配。这一现象在专门从事旅游业的城市尤为显著。从理论上讲，城市舒适性是移民动机、旅游需求结构和区域生活质量的基础。例如，从经济增长理论的角度，舒适性可以被视为当地商品和服务生产的潜在区域要素②。增长理论认为，资本的存量和分配取决于一个地区对有形要素和潜在要素的投入，前者主要包括土地、劳动力和资本，通常也被称为初级要素资源，后者主要包括城市舒适性，如城市所能提供的公共商品和服务。传统的增长侧重于分配有形要素投入，以便最大限度地利用资源投入促进产出。随着城市产业结构的变化和可开发资源的减少，潜在要素（即城市舒适性）对经济增长的作用日益凸显，尤其体现在以旅游业为主导产业的城市中。其次，游客的存在可以为当地经济产生正或负的外部性，导致当地福祉和城市生活质量（UQoL）的增加或减少，游客对城市居民 UQoL 感知的最终影响取决于处于主导地位的外部性（正面或负面）类型。从正外部性的角度，文化设施或当地休闲娱乐设施的改善可能会增加居民的幸福感。从负外部性的角度，如果地方政府管理不当，游客活动所导致的城市道路拥挤、

---

① Bernini C, Cerqua A, Pellegrini G. Endogenous amenities, tourists' happiness and competitiveness. Regional Studies, 2020, 54 (9): 1214 - 1225.

② Marcouiller D W. Environmental resources as latent primary factors of production in tourism: the case of forest - based commercial recreation. Tourism Economics, 1998, 4 (2): 131 - 145.

噪声、环境污染会降低居民的生活质量，同时也会影响旅游目的地的吸引力①。因此，近年来，许多学者围绕城市舒适性背景下旅游产业给城市带来的福利和收益的分配和公平性问题展开讨论。其中，社会交换理论和旅游地生命周期理论是相关研究中使用最多的理论。例如，王宁（2017）从公平性的视角，指出在大多数情况下，舒适物往往是公共舒适物，因为它或多或少涉及公共财政的支出。王宁认为哪怕是空气质量，也需要借助公共财政支出以实施各种保护措施才能得到确保。因此，公共舒适物的空间配置，毫无疑问涉及空间正义的问题，其中主要包括两个方面：一方面，舒适物是为谁提供的；另一方面，如何确定舒适物在城市中的空间分布②。除此之外，目的地的社会安全和本地居民的好客程度也对旅游产业产生影响，Bernini 对不同类型旅游地的比较研究表明，目的地的社会治安作为受当地政策影响的内生特征，成为每个目的地满意度最重要的决定因素之一，其次是当地社区的热情好客程度。

6.3 城市舒适性视角下旅游目的地实证研究

提供享受休闲、改善生活方式和美学目的的舒适性一直是城市功能的重要组成部分。城市经济学家认为，提供休闲享受和多样化生活体验的商服舒适性在解释城市增长和人才流动方面变得越来越重要。研究表明，城市在旅游市场的各个细分领域均有吸引力，如年轻人被城市夜生活、休闲娱乐以及城市举办的体育赛事所吸引，年长者或受教育程度较高的游客被城市的文化遗产所吸引。由于文化产品高度集中在城市中，以城市作为旅游目的地的数量超过了其他目的地类型。然而，城市背景下旅游业的存在

① Biagi B, Ladu M G, Meleddu M, et al. Tourism and the city: The impact on residents' quality of life. International Journal of Tourism Research, 2020, 22 (2): 168 - 181.

② 王宁．城市的舒适物配置与空间正义．旅游学刊，2017，32（4）：2 - 4.

可能对当地居民的生活质量产生积极和消极的影响。例如，在这种以丰富多样的休闲和生活体验为基础的城市发展趋势中，舒适性较高的城市对游客具有较高吸引力的同时，也为城市中的居民和被吸引而来的移民提供了更多的工作机会。在此背景下，城市舒适性视角下旅游目的地实证研究成为近年来学者们广泛关注的研究领域，相关研究涌现出不同研究主题，研究方法和研究尺度呈现出多样性特征。

6.3.1　研究主题

（1）不同维度的舒适性对旅游业的影响。

在文化舒适性方面，许多学者基于不同文化设施展开实证研究。例如，Di Lascio 等（2011）关注现代艺术展览对旅游业的积极影响[①]；Du Rand 等（2003）则发现了美食遗产作为文化旅游产品的重要性，如食物在南非的旅游业中发挥着作用，当地美食被认为是城市旅游景点的组成部分，游客希望品尝当地美食以享受历史和文化遗产[②]。教科文组织颁布的世界遗产（WHS）也在研究中受到关注，尽管研究结果表明 WHS 对旅游业的影响好坏参半，如在西班牙，文化 WHS 对内陆省份的旅游人数有积极影响，自然 WHS 对沿海地区的旅游人数有积极影响[③]，WHS 的数量也使国际游客人数增加了 6.9%[④]，然而 WHS 的存在与意大利地区旅游目的地的技术效率呈负相关[⑤]。从以上研究可以发现，不同类型的文化设施与旅游目的地和旅游

---

① Di Lascio F M L, Giannerini S, Scorcu A E, et al. Cultural tourism and temporary art exhibitions in Italy: A panel data analysis. Statistical Methods & Applications, 2011, 20: 519 - 542.

② Rand G E D, Heath E, Alberts N. The role of local and regional food in destination marketing: A South African situation analysis. Journal of Travel & Tourism Marketing, 2003, 14 (3 - 4): 97 - 112.

③ Castillo - Manzano J I, Castro - Nuño M, Lopez - Valpuesta L, et al. Assessing the tourism attractiveness of World Heritage Sites: The case of Spain. Journal of Cultural Heritage, 2021, 48: 305 - 311.

④ Canale R R, De Simone E, Di Maio A, et al. UNESCO World Heritage sites and tourism attractiveness: The case of Italian provinces. Land use policy, 2019, 85: 114 - 120.

⑤ Cuccia T, Guccio C, Rizzo I. The effects of UNESCO World Heritage List inscription on tourism destinations performance in Italian regions. Economic Modelling, 2016, 53: 494 - 508.

业具有不同关系，因此有学者对既有研究倾向于关注相对狭窄的特定文化舒适性提出批判，认为应当考虑更多文化设施的影响。在此背景下，Guccio 等（2017）在研究中纳入了一系列文化舒适性，以研究文化参与对旅游目的地的影响，包括剧院、电影院、博物馆、体育和音乐活动、迪斯科舞厅和考古遗址等，研究表明文化友好的环境对旅游目的地的表现产生积极影响①。

自然舒适性方面，既有研究将自然舒适性视为不同地区竞争优势的来源。自然舒适性作为一种替代性的增长引擎，为具有优美自然环境的地区提供了发展自然风景旅游的机会。Marcouiller（2004）认为自然和其他形式的舒适性可以被认为是迁移动机、旅游需求和区域生活质量属性的基础②。具体而言，这些舒适性要素可以作为旅游产业和休闲娱乐部门的潜在要素发挥作用，例如，作为海景美学价值的代表，海岸景观是海洋景观旅游的核心产品。既有研究验证了酒店周边的海景质量和地理位置对租金收入的正向影响③。但自然舒适性带来的经济效益可能是季节性的、临时的，就业机会可能是兼职的、低技能的。例如，Carson 等（2018）的研究表明，北方的冬季和该地区未被开发的原生自然环境是影响游客数量的关键因素④。除了刺激旅游业发展外，自然舒适性还对以舒适性为动机的移民具有吸引力，这部分移民中大多数受过高等教育，流动性强。

休闲娱乐和人工舒适性方面，大量研究表明，成体系的休闲娱乐和商业服务舒适性是吸引游客的重要因素⑤。这一体系包括旅游景点以及维持

① Guccio C，Lisi D，Martorana M，et al. On the role of cultural participation in tourism destination performance：an assessment using robust conditional efficiency approach. Journal of Cultural Economics，2017，41：129－154.

② Marcouiller D W，Kim K K，Deller S C. Natural amenities，tourism and income distribution. Annals of Tourism Research，2004，31（4）：1031－1050.

③ Fleischer A. A room with a view—A valuation of the Mediterranean Sea view. Tourism Management，2012，33（3）：598－602.

④ Carson D A，Carson D B，Eimermann M. International winter tourism entrepreneurs in northern Sweden：understanding migration，lifestyle，and business motivations. Scandinavian Journal of Hospitality and Tourism，2018，18（2）：183－198.

⑤ Rosentraub M S，Joo M. Tourism and economic development：Which investments produce gains for regions. *Tourism Management*，2009，30（5）：759－770.

和拓展旅游体验的配套活动和服务。如果地方要持续性地吸引游客，就必须提供所需的支持服务和休闲活动，从而为休闲娱乐、一日游和其他形式的当地旅游提供支撑。再者，地方要吸引人力资本也必须拥有高质量、成体系的城市舒适性要素，以提高一个地区的声誉和吸引力。具体而言，既能增强地区声誉又能提高景点吸引力的舒适性包括酒店、餐馆以及其他形式的休闲娱乐设施，这些娱乐设施拓展了游客和居民的休闲娱乐体验。例如，Carlino（2019）提出并验证了旅游次数和具有优美风景的地点数量作为游客对当地生活舒适性满意程度的衡量标准的可行性，并进一步发现靠近海洋、美景、历史街区、优秀建筑，以及拥有其他文化和娱乐机会的城市吸引了家庭的迁移，这些反映美学需求、提供休闲娱乐机会的舒适性增加了城市人口，促进了城市就业的增长[①]。McFarlane 等（2017）则使用投入产出模型评估舒适性在葡萄酒行业中的作用和经济影响，指出舒适性是一种感官体验，以提供满足游客休闲体验需求的农产品消费和体验活动基础设施的方式，为游客提供了一系列文化体验和消费机会[②]。

（2）旅游业对城市舒适性的影响。

城市是生产和消费的中心，城市中旅游业的发展导致了城市消费空间结构的变化。游客的旅游活动可以对旅游目的地产生正或负的外部性，导致当地福祉和城市生活质量的提高或下降。例如，文化设施的改善或当地休闲娱乐活动的增加可能会增加居民的福祉。相反，如果地方政府管理不当，由游客的存在引起的拥堵、噪声、污染等负面影响都会降低城市舒适性水平以及居民的幸福感，并进一步影响旅游目的地的吸引力。Stephens 和 Partridge（2015）描述了政策制定者对具有高舒适性水平的城市转变为休闲旅游目的地的担忧，在他们对五大湖区附近舒适性变化的分析中，由于旅游业各种生产要素之间的相互作用，该地区湖泊水质的恶化可能对城

① Carlino G A, Saiz A. Beautiful city: Leisure amenities and urban growth. Journal of Regional Science, 2019, 59 (3): 369 -408.

② McFarlane J, Grant B, Blackwell B, et al. Combining amenity with experience: Exploring the hidden capital of a winescape experience. Tourism Economics, 2017, 23 (5): 1076 -1095.

市自然舒适性造成不利影响①。在许多欧洲城市，常住人口已经开始对大众旅游产生担忧。类似地，西班牙的巴塞罗那和意大利的威尼斯也产生了类似现象，进一步催生了反旅游城市运动相关研究的兴起。Biagi 等（2020）使用 Sen 框架分析旅游目的地居民的城市生活质量（urban quality of life，UQoL），不仅考虑城市提供消费服务和设施的能力，还考虑了居民对当地服务及设施的实际“使用频率”或“使用时间”，Biagi 等认为这种外部性会影响居民的 UQoL，从而影响他们对游客的态度。如果居民对游客产生不友好的态度，整个旅游产业都会受到影响，从而威胁到当地旅游产业的进一步开发②。因此，城市中居民和游客互动中的矛盾可以通过对当地城市舒适性的实际占用来表达。类似地，Porto 等（2019）探讨区域工资不平等及其与旅游和舒适性关系的研究表明，区域收入不平等现象与区域资源禀赋的各个方面具有相关性。例如，劳动收入分配取决于自然资源禀赋以及集聚区旅游业的发展，在水资源存在较多的旅游集聚区中劳动收入分配更均匀，而在陆地资源存在较多的旅游集聚区中，劳动收入分配呈反比关系③。

（3）舒适性移民对当地的影响。

近年来，生活体验和生活品质逐渐成为当代生活的核心关注点。以获取休闲生活方式或城市舒适性为目的的移民被称为舒适性移民（amenity migration），这一群体在全球范围内呈现出增长趋势。环境质量和文化差异吸引舒适性移民前往这些地方，促进了以社区为基础的旅游业的发展。在此背景下，大量研究围绕舒适性移民的地方影响展开。研究表明，舒适性移民对当地的影响是复杂的、多方面的。在地方环境影响方面，舒适性迁

---

① Stephens H M，Partridge M D. Lake amenities，environmental degradation，and great lakes regional growth. International Regional Science Review，2015，38（1）：61－91.

② Biagi B，Ladu M G，Meleddu M，et al. Tourism and the city：The impact on residents' quality of life. International Journal of Tourism Research，2020，22（2）：168－181.

③ Porto N，Espinola N. Labor income inequalities and tourism development in Argentina：A regional approach. Tourism Economics，2019，25（8）：1265－1285.

移改变了社区和邻近的区域环境。随着新移民的到来，从正面影响上看，社区获得了更多的商业和公共服务，如教育和医疗保健设施，改善了道路等基础设施，就业和收入方面也得到改善①。从负面影响上看，则带来了开放空间、休闲用地和野生动物栖息地的丧失。例如，Robertson 等（2006）的研究表明，因为舒适性移民的增加，原本的开放空间和自然栖息地被改变用途，成为住宅和高尔夫球场开发用地②。在地方公平性和居民福祉方面，舒适性迁移可能影响公众获得舒适性的机会，并可能导致"新旧"居民之间的冲突。城市旅游业发展原本是吸引资本的主要战略，但这一战略可能导致地方过度重视面向游客的舒适性要素供给，导致本地居民实际受益于舒适性的机会减少，并直接或间接地导致部分本地居民流离失所，甚至更富裕的移民取代原来居民的地方"重新估价"过程。例如，Pavelka 等（2015）关注舒适性移民如何为他们的休闲体验进行谈判，以及更广泛的休闲谈判过程如何改变旅游目的地的物理属性和特征③。Lanzara（2019）研究旅游业如何对城市舒适性、实际收入和居民福利产生影响，以及内生和外源舒适性如何在城市层面相互作用。研究表明，旅游业可以改变当地经济部门的构成，随着游客数量的增加，城市经历了结构性转型，表现为服务业比例上升。游客人数较多的城市，地价、服务商品价格较高，服务品种较多。从地方发展上看，舒适性移民的潜在作用体现在对社区建设进程的影响，如在建立地方纽带和弥合关系方面起到的重要作用④。

---

① Glorioso R S，Moss L A G. Santa Fe，a fading dream：1986 profile and 2005 postscript. The amenity migrants：Seeking and sustaining mountains and their cultures，2006：73－93.

② B. Robertson，C. Stark. Alberta's amenity rush//The amenity migrants：Seeking and sustaining mountains and their cultures，Oxford，UK：CABI International，2006.

③ Pavelka J，Draper D. Leisure negotiation within amenity migration. Annals of Tourism Research，2015，50（50）：128－142.

④ Ruiz－Ballesteros E，Cáceres－Feria R. Community－building and amenity migration in community－based tourism development. An approach from southwest Spain. Tourism Management，2016，54：513－523.

6.3.2 研究尺度

现有研究主要以大都市区为尺度进行案例分析。例如，Porto 选取阿根廷多个大都市集聚区构建空间误差模型，Carlino 选取美国大都市区作为研究案例。城市尺度的案例也是研究中常见的区域选择。例如，Noonan（2023）在研究中选取 168 个欧洲城市进行定量分析①；Lanzara（2019）选取意大利城市作为研究区域②。Priscilla 选取蒙特利尔老城作为单个研究区域进行半结构访谈。此外，还有部分研究选择更小尺度的区域进行研究③。例如，Pavelka（2015）选取加拿大阿尔伯塔省弓谷的两个山地旅游社区，通过扎根理论进行深入的定性分析。值得注意的是，通过比对相关结果，有学者认为不同区域下的研究结论具有差异。例如，欧洲城市比美国城市更密集、更紧凑，因此产生集聚效应的旅游目的地更有可能受到旅游活动对常住人口 UQoL 的负面影响。

6.3.3 研究方法

在研究方法方面，定性和定量方法均有使用。其中，定量方法主要以各类模型构建与回归分析为主。例如，McFarlane 等（2017）使用投入产出模型评估舒适性在葡萄酒体验旅游中的作用和经济影响④；Carlino 等（2019）利用用户共享的风景照片数据构建了城市休闲生活舒适性与城市

① Noonan L. The role of culture as a determinant of tourism demand: evidence from European cities. International Journal of Tourism Cities, 2023, 9 (1): 13-34.

② Lanzara G, Minerva G A. Tourism, amenities, and welfare in an urban setting. Journal of Regional Science, 2019, 59 (3): 452-479.

③ Ananian P, Perras A, Borde M A. Living in Old Montreal: Residents' perceptions of the effects of urban development and tourism development on local amenities. The Canadian Geographer, 2018, 62 (4): 535-550.

④ McFarlane J, Grant B, Blackwell B, et al. Combining amenity with experience: Exploring the hidden capital of a winescape experience. *Tourism Economics*, 2017, 23 (5): 1076-1095.

人口和就业增长之间相关关系的 Tobit 回归模型[①]；Lanzara 建立了具有内生消费便利设施、价格和实际收入效应以及两个生产部门（可贸易中间部门和非贸易服务部门）的一般均衡模型；Rosentraub 等（2009）采用描述性统计、t 检验和多元回归分析，构建了不同景点群对旅游业增长和区域经济发展的影响研究模型[②]；Biagi 等（2020）使用公共服务舒适性的数量及可获取性来构建城市生活质量（UQoL）模型[③]；Porto 估计了阿根廷 2015 个大都市集聚区的空间误差模型。使用与旅游就业相互作用的四个旅游设施指数作为旅游业发展的代表，并估计劳动收入不平等水平[④]。值得注意的是，通过享乐定价的方法进行舒适性评估的方法在研究中使用较多。享乐定价是一种间接的环境评估方法，用于测试特定的非市场特征或属性对市场商品的需求和价格的影响。

除了定量方法以外，许多学者基于定性方法对研究区域进行了深入分析，主要研究方法包括访谈、民族志以及扎根理论等。Priscilla（2008）选取蒙特利尔老城作为单个研究区域进行半结构访谈[⑤]；Carson 等（2018）在定性访谈的基础上，将多维框架应用于移民旅游创业研究，考虑个人移民驱动因素、特定地点便利设施的价值、期望的消费体验、以前对目的地的熟悉程度[⑥]；Pavelka 等（2015）采用扎根理论方法，构建基于经验的模型，以研究高舒适性目的地内人与环境的关系以及舒适性迁移中的休闲谈判[⑦]；

---

① Carlino G A, Saiz A. Beautiful city: Leisure amenities and urban growth. Journal of Regional Science, 2019, 59 (3): 369 - 408.

② Rosentraub M S, Joo M. Tourism and economic development: Which investments produce gains for regions. Tourism Management, 2009, 30 (5): 759 - 770.

③④Biagi B, Ladu M G, Meleddu M, et al. Tourism and the city: The impact on residents' quality of life. International Journal of Tourism Research, 2020, 22 (2): 168 - 181.

⑤ Ananian P, Perras A, Borde M A. Living in Old Montreal: Residents' perceptions of the effects of urban development and tourism development on local amenities. The Canadian Geographer, 2018, 62 (4): 535 - 550.

⑥ Carson D A, Carson D B, Eimermann M. International winter tourism entrepreneurs in northern Sweden: understanding migration, lifestyle, and business motivations. Scandinavian Journal of Hospitality and Tourism, 2018, 18 (2): 183 - 198.

⑦ Pavelka J, Draper D. Leisure negotiation within amenity migration. Annals of Tourism Research, 2015, 50 (50): 128 - 142.

Ruiz - Ballesteros 等（2016）使用民族志案例研究来分析便利设施移民参与 CBT 发展及其对社区建设的影响，分析发展阶段则结合了扎根理论和内容分析的方法[①]。

总体而言，城市舒适性与旅游产业发展具有很强的相关性。随着近年来旅游组织方式趋于散客化以及旅游目的地发展趋于全域化，当代旅游活动更前所未有地依赖于城市舒适物系统供给能力。因此，对城市而言，无论是自然舒适物、人工舒适物，还是社会氛围舒适物，都构成地方旅游供给中的特定方面，开展城市舒适性研究对旅游地理研究具有重要意义。

① Ruiz - Ballesteros E, Cáceres - Feria R. Community - building and amenity migration in community - based tourism development. An approach from southwest Spain. Tourism Management, 2016, 54: 513 - 523.

第 7 章　国内外城市舒适性研究比较

长期以来，学术界对城市的研究主要聚焦于城市的资源禀赋，如城市的本底环境、历史演化等。随着信息技术的快速发展和城市居民生活水平不断提高，城市发展正经历着由生产型向消费型转变的过程，创意开始成为新经济形态中最为重要的生产要素。在此背景下，城市舒适性成为解释城市可持续发展动力的新视角，并受到西方学界和政策制定者的关注。经过近 70 年的发展，西方学者对城市舒适性的概念内涵、理论构建、评价方法，及城市舒适性对人才迁移决策、企业空间布局等方面进行了深入探究。近年来，随着中国城市化进程的进一步推进和经济转型，城市舒适性理论为推进当下中国城市的可持续发展和促进区域高质量发展提供了新的视角。目前，国内学者已经开始在中国语境下就城市舒适性的理论、概念和评价开展相关研究，并对城市舒适性与住房价格、创意产业区位、人才流动以及“宜居城市”建设和城市体检评估等方面进行了初步探索。

7.1　国外城市舒适性研究进展

国外城市舒适性的研究主要围绕着城市舒适性的概念与评价、城市舒适性的影响以及城市舒适性视角下的城市规划理论政策等 3 个方面展开①②③。

---

① 浩飞龙，张杰，王士君．国内外城市舒适性研究综述与展望［J］．地理科学进展，2022，41（12）：2396－2409.

② 温婷，蔡建明，杨振山，宋涛．国外城市舒适性研究综述与启示［J］．地理科学进展，2014，33（2）：249－258.

③ 吴军，王桐，郑昊．以舒适物为导向的城市发展理论模型——一种新的国际城市研究范式［J/OL］．国际城市规划：1－16［2023－05－04］．http：//kns. cnki. net/kcms/detail/11. 5583. TU. 20220707. 0838. 001. html.

7.1.1 城市舒适性的概念、内涵与评价

在外文文献中，舒适性通常作为城市发展的独立变量加以论述，最早在1954年由美国经济学家Edward Ullman提出[①]。Ullman（1954）认为人口迁移并非经济因素所主导，而是由迁入地的气候舒适性决定的，Ullman将舒适性定义为令人愉悦的生活条件，并将其作为预测未来区域人口增长的重要因素。此后，不同学科的学者对城市舒适性的概念和内涵展开了探讨。Bartik等（1987）认为舒适性是一个地方具有特殊的物品、服务或者其他可以愉悦的特征[②]。Power（1988）指出舒适性是无法市场化的本地特色，这种特质能够吸引人来此居住或工作[③]。Scott（2010）提出城市舒适性来源于一种精神层面的满足感，当劳动力身处某种城市氛围与环境中，受到城市自然环境、气候条件、文化娱乐休闲以及良好的邻里社会气氛而产生的满足感[④]。尽管学者们对于城市舒适性的定义各有侧重，但总体来看，舒适性的核心属性并没有太大差异，即能为城市居民带来舒适和愉悦体验的事物，包括设施、活动与服务等，并且这些事物能够提升城市的生活质量。总之，城市舒适性与人们对品质生活追求的需求相关，且具有4个主要特性：①舒适性具有地域性，并不具有生产功能；②舒适性通常是不可再生的，如生态环境一旦破坏就不可逆转；③城市舒适性与收入正相关，即具有较高的收入贡献；④舒适性一般具有不可替代性。

国外学者对城市舒适性具体内涵的界定，可以概括为以下三类：①城市的自然舒适性。这类舒适性由一个城市的地理位置决定，是一个城市难

① Ullman E L. Amenities as a Factor in Regional Growth [J]. Geographical Review, 1954, 44 (1): 119 – 132.

② Bartik T J, Smith V K. Urban amenities and public policy// Mills E S. Handbook of regional and urban economics. Amsterdam, Netherlands: Elsevier, 1987: 1207 – 1254.

③ Power T M. The economic pursuit of quality. New York, USA: ME Sharpe Armonk, 1988.

④ Scott A J. Jobs or amenities? Destination choices of migrant engineers in the USA. Papers in Regional Science, 2010, 89 (1): 43 – 63.

以改变且高度依赖自然本底的城市属性，主要包括河流、山川和海岸线，以及湿度、气温、降雨等气候条件①②。②城市的人工舒适性。这类舒适性中既有人类历史上遗留下来的文物遗迹，如具有美学价值的纪念碑、历史建筑等，也包括现代人工设施，如图书馆、博物馆和歌剧院，以及生活便利设施，如二手书店和珍本书店、果汁吧、有机食品超市、星巴克，体育赛事，体育健身设施如游泳馆和网球场等，同时还包括便捷的交通和通讯基础设施③。Brueckner 等（1999）认为，历史文化舒适性属于城市的外生舒适性，而现代人工设施等属于内生舒适性。③城市的社会氛围舒适性。城市舒适性是一种感官上的舒适感，前两种物质范畴的城市舒适性主要给予人们视觉、听觉或味觉上的体验，而城市的社会氛围舒适性则确保了人们心理层面的舒适性。城市社会氛围舒适性包括：居民收入和受教育程度，外国人及少数族裔如西班牙裔、非裔的数量，同性恋者的比例；居民的价值观和态度，如友好和好客程度、包容性、需要承担的风险、个人主义倾向等，尤其对于潜在的迁入居民而言。此外，Glaeser（2001）还强调低犯罪率是城市舒适性的重要组成部分，与城市发展具有密切关系。

国外学者对城市舒适性水平的测度主要有以下 3 种方法：①特征价格模型。20 世纪 70 年代开始，经济学家普遍使用租金、房价、工资水平等来反映城市舒适性，并利用特征价格模型进行量化。其中，Rosen（1979）使用的基于不动产价值和工资建立的 Hedonic 价格模型应用较为广泛，该模型认为当一个城市具有极高的舒适性时，人们就愿意支付相对高的房租并忍受相对低的收入来获取舒适性④。②问卷访谈法。应用问卷调查法和访谈来关注微观个体心理层面的感受，常应用于研究城市舒适性对个人或

---

① Brueckner J K，Thisse J F，Zenou Y. Why is central Paris rich and downtown Detroit poor? An amenity - based theory. European Economic Review，1999，43（1）：91 - 107.

② Clark T N. Urban Amenities：Lakes，opera，and juice bars：Do they drive development? //Clark T N. The City as an Entertainment Machine. New York：Elsevier，2004.

③ Glaeser E L，Kolko J，Saiz A. Consumer city. Journal of Economic Geography，2001，1（1）：27 - 50.

④ Rosen S. Wage - based indexes of urban quality of life// Mieszkowski P，Straszheim M. Current issues in urban economics. Baltimore，USA：Johns Hopkins University Press，1979：74 - 104.

企业选址决策的影响。③指标体系法。在经济学模型和问卷调查访谈的基础上，学者们依据舒适性的概念内涵构建城市舒适性评价指标体系。例如，Boycr 等（1989）将城市舒适性分为生活成本、犯罪、医疗、工作、交通、教育、艺术、休闲和气候等 9 个指标[①]。Florida（2002）提出的波希米亚指数以及多样性指数等[②③]。

7.1.2 城市舒适性对人才、产业和城市发展的影响

在城市舒适性的实证研究方面，国外学者就城市舒适性与人口迁移、城市舒适性与人才的区位选择、城市舒适性与企业选址、城市舒适性与城市发展等方面开展了一系列研究。

(1) 城市舒适性与人口迁移。

城市舒适性与人口迁移是国外学者关注的重点。相关研究表明，人口迁移的动因主要包括城市舒适性人工设施吸引的外力因素以及个人追求不同生活方式等的内生因素。最初对于城市舒适性的研究偏重于其中的自然舒适性，即人们往往受到一个地区自然舒适性的吸引而迁居到此，包括气候、气温、水体、山川资源及乡村等。如果说舒适性是人口迁移的拉力，那么大城市的环境污染、交通拥堵等就是这类人口迁移的推力，即舒适性导致的人口迁移是西方社会郊区化和逆城市化潮流下的一种人口迁移现象。值得注意的是，人口迁移关注的舒适性要素由于人群年龄、职业阶段、家庭状况、爱好和兴趣、收入等的不同而有所差异。例如，Whisler 等（2008）发现丰富的文化和娱乐设施能够降低年轻人的迁出率，而老年人

---

① Boyer R, Savageau D. Places rated almanac: Your guide to finding the best places to live in North America. New York, USA: Prentice Hall, 1989.

② Florida R. Bohemia and economic geography. Journal of Economic Geography, 2002, 2 (1): 55－71.

③ Florida R. The economic geography of talent. Annals of the Association of American Geographers, 2002, 92 (4): 743－755.

则偏好更加安全和气候温和地区①。Rigolon 等（2018）研究了美国城市男性和女性对于城市舒适性的偏好差异，结果表明，男性和女性对于自然舒适物如天气、气温、海滩等的偏好高度相关，但对人造舒适物的喜好却存在显著差异，女性更加偏爱便捷餐厅和公园，男性则更加注重城市公共交通设施②。

（2）城市舒适性与人才的区位选择。

随着知识经济时代的到来，高技能劳动力因其具有社会资本、知识学习等方面的优势，成为新兴产业和城市发展的重要驱动力。古典经济理论认为，收入差异是影响人才流动的主要因素。但已有研究表明，高技能劳动力迁移是舒适性主导的迁移行为，城市舒适性（例如，社会服务、娱乐和生活方式等）已经成为城市吸引人才的重要因素。Haisch 和 Klöpper（2015）讨论了瑞士各地区的文化特征与当地创新型人才的关系，通过人口普查数据衡量创新人才的数量，采用娱乐消费行业人数以及社会宽容度相关投票结果衡量区域人文环境③。研究结果证实，一个城市越宽容，生活在那里的创新创意人才比例就越高。但值得注意的是，一个地区的舒适性和激励措施与高技能人才密度之间的关系可能是双向的，即舒适性形成的区域特征影响着创新型人才的集聚，而创新型人才的不断加入又进一步影响了该地区的整体文化特征，如文化消费设施和宽容度。

（3）城市舒适性与企业选址。

工业化早期，企业需要在靠近原材料产地、方便产品运输或运费成本最低的地点进行产业布局。后工业社会的产品与工业社会不同，更多的是创新和设计导向型的，相比传统产品生产更灵活，人才要素取代了

---

① Whisler R L，Waldorf F B S，Mulligan G F，et al. Quality of life and the migration of the college - educated：a life - course approach. Growth and change，2008，39（1）：58 - 94.

② Rigolon A，Németh J. What shapes uneven access to urban amenities? Thick injustice and the legacy of racial discrimination in Denver's parks. Journal of Planning Education and Research，2018，41（3）：312 - 325.

③ Haisch T，Klöpper C. Location choices of the creative class：does tolerance make a difference? Journal of urban affairs，2015，37（3）：233 - 254.

以往的原料地或运输场地，成为企业选址的关键因素。特别是对高新技术产业而言，许多学者都通过实证研究证明，人才与高新技术产业的空间布局有着非常密切的关系，进而影响着区域经济发展，而城市舒适性又是影响人才的区位选择的重要因素。实际上，城市舒适性对人才和企业的区位选择都有重要的影响，并通过吸引人才和企业来推动城市的发展。Rogerson（1999）从城市竞争力的角度，认为城市舒适性是城市竞争力的重要组成部分：①在经济全球化的发展趋势下，资本流动性增强，城市舒适性对资本具有吸引力，由此可以稳固地保障城市经济增长和健康发展；②城市舒适性可以作为地区和城市对外营销策略[①]。此外，就具体是哪些城市舒适性要素在推动城市发展的问题，Clark（2003）认为，城市舒适性中自然舒适性如适宜的气候条件、湿度、水资源和自然景观等，人工舒适性如歌剧院、果汁吧、博物馆和咖啡馆等均对城市发展有积极作用[②]。Florida（2005）认为咖啡馆等生活设施对提升城市街道活力具有重要作用[③]。Glaeser 等（2001）认为，拥有更多餐厅和现场演出剧院的城市经济增长更快[④]。

（4）城市舒适性与城市区域发展。

研究表明，城市舒适性可以通过提升城市空间的宜居性与愉悦体验，有效激发创新和消费活动，增强本地区的创新力和消费力，进而促进城市整体经济社会发展。城市舒适性理论弥补了传统增长模型和人力资本模型在解释城市发展方面的不足。在后工业社会，传统的生产要素如土地、劳动力、资本和管理已经不能完全解释人口流入和经济增长现象。事实上，即使将个人的教育和创造力视为生产要素的人力资本理论也有不足，因为它假设个体是固定的或倾向于跟随工作和资本移动。相反，城市舒适性理

① Rogerson R J. Quality of life and city competitiveness. Urban Studies，1999，36（5-6）：969-985.

② Clark T N. Urban amenities：lakes，opera，and juice bars：do they drive development//Clark T N. The city as an entertainment machine. New York：JAI Press，2003：103-140.

③ Florida R. The rise of the creative class. Regional Science and Urban Economics，2005，35（5）：593-596.

④ Glaeser E L，Kolko J，Saiz A. Consumer city. Journal of Economic Geography，2001，1（1）：27-50.

论指出个体具有高度流动性，城市各舒适性因子的组合决定了创新与创意人才在哪里定居、消费并发挥创造潜力，从而推动城市的可持续发展。Glaeser 等发现城市越来越成为消费的中心，具有高便利性的城市比低便利性的城市发展更快，城市地租增长也远远高于后者的增长，表明城市生活质量的重要性高于经济收入，因此，未来城市越来越依赖于这个城市对消费者和高技术人才是否具有吸引力。

此外，城市舒适性设施的公平性问题也是关注的焦点之一，尤其是公园绿地的空间配置与公平问题，现有研究从种族和民族、收入和住房使用权等方面探讨了舒适性设施的数量、质量的差异，发现少数族裔以及社会弱势群体相较于优势群体在享受舒适物时存在不平等的问题。Rigolon 等（2018）以美国丹佛为研究区域，探究公园的空间公平问题及其形成机制，认为公园在城市内空间分布不均，社会经济优势群体更易获得服务水平较高的公园。这一结果除了因为富裕阶层有能力支付优质公园周边的房产之外，还因土地和住房政策等，该类政策使得弱势群体在享受公园等舒适性设施时存在严重、持久的不平等[①]。

7.1.3 城市舒适性视角下的规划理论与政策

自20世纪中期以来，舒适性理论与实证研究取得了颇丰的成果，从创新创意人才迁移到经济增长动力研究，都证实了舒适性对城市发展的重要作用。随后，城市研究领域的学者开始将城市舒适性理论纳入城市政策和规划工作，通过理论引导实践推进城市发展。较为知名的成果有 Clark 团队从全球化的大背景出发解释了“娱乐机器”城市的崛起，以及以舒适物为导向的城市政策视角[②]。其中，全球化对于城市发展的影响体现在国际市

① Rigolon A，Németh J. What shapes uneven access to urban amenities? Thick injustice and the legacy of racial discrimination in Denver's parks. Journal of Planning Education and Research，2018，41（3）：312–325.

② Clark T N. The city as an entertainment machine. Lanham：Md.，Lexington Books，2003：103–322.

场、娱乐产业和社会价值观在世界范围的传播上。在这个过程中，传统的区域性阶级制度和政治体制正逐渐被全球范围的价值观和经济形态影响，而市民接触到更多包括文化、艺术、娱乐、经济等多方面在内的选择。全球经济和教育水平的提升则进一步激发了个体对于多元化生活方式和价值观的需求。Vanderleeuw 和 Sides（2016）探讨了舒适物在城市经济发展战略中的地位，他们对美国得克萨斯州 133 个大城市的政府职员进行了问卷调查，主要关注财政收入、就业机会两个方面因素在经济增长的重要性，以及不同种类的舒适物（购物、文化、户外、学校等）在社区经济发展中的重要性①。研究结果发现，无论城市社会经济状况如何，舒适物都被城市管理者视为增加财政收入的途径。另外，舒适物的类型也会影响城市管理者的看法：相比于学校等更面向家庭的设施或文化艺术设施，他们普遍认为直接以消费为导向的设施（如购物机会、餐饮等）能够更好地促进经济发展。

城市舒适性概念与内涵的探讨如表 7－1 所示。

表 7－1　　城市舒适性概念与内涵的探讨

学者	年份	概念
Ullman	1954	令人愉悦的地方特质
Bartik 等	1987	一个地方具有特殊的物品、服务或者其他可以愉悦的特征
Power	1988	舒适性是无法市场化的本地特色，这种特质能够吸引人来此居住或工作
Scott	2010	城市舒适性来源于一种精神层面的满足感，当劳动力身处某种城市氛围与环境中，受到城市自然环境、气候条件、文化娱乐休闲以及良好的邻里社会气氛而产生的满足感
Zheng	2016	定义城市舒适性时应考虑排除物价、工作、经济机会等收益性因素后其他对人才产生吸引的地域性特征
He 等	2018	提出创意城市舒适性，认为对创意舒适性的研究需要情境化与分类理解，将景观设施、休闲和网络设施、可达性和教育设施作为解释中国摄影工作室的区位因素

① Vanderleeuw J M，Sides J C. Quality of life amenities as contributors to local economies：views of city managers. Journal of urban affairs，2016，38（5）：661－675.

续表

学者	年份	概念
Wu 等	2022	城市舒适性的多重空间概念，突出城市舒适性与局部区域之间存在不同的空间相互作用，这些多重空间互动源于城市舒适性和地方吸引力两个维度之间不同的共存机制，城市舒适性驱动的吸引力因城市空间结构而异，并在很大程度上导致了城市空间的复杂性

资料来源：笔者根据文献整理。

7.2　国内城市舒适性研究进展

当前，国内学者在引入城市舒适性理论的基础上，就城市舒适性评价指标体系建构、城市舒适性对人才流动的影响、城市舒适性与产业发展以及城市舒适性与城市增长创新等方面进行了探索。

在城市舒适性评价方面，国内学者主要引入舒适性理论体系，剖析其概念内涵，并结合中国国情建构适合中国城市的舒适性指标体系。在概念内涵方面，Zheng（2016）认为定义城市舒适性时应考虑排除物价、工作、经济机会等收益性因素后其他对人才产生吸引的地域性特征[①]。He 等（2018）进一步提出创意城市舒适性的概念，认为对创意舒适性的研究需要情景化与分类理解，将景观设施、休闲和网络设施、可达性和教育设施作为解释中国摄影工作室的区位因素[②]。Wu 等（2022）阐述了城市舒适性的多重空间概念，突出城市舒适性与局部区域之间存在不同的空间相互作用，这些多重空间互动源于城市舒适性和地方吸引力两个维度之间不同的共存机制，城市舒适性驱动的吸引力因城市空间结构而异，并在很大程度

① Zheng L. What city amenities matter in attracting smart people? Papers in Regional Science，2016，95(2)：309－327.

② He Jinliao，Huang Xianjin，Xi Guangliang. Urban amenities for creativity：An analysis of location drivers for photography studios in Nanjing，China. Cities，2018，74：310－319.

上导致了城市空间的复杂性①。在评价指标体系方面，温婷等（2016）、喻忠磊等（2016）和马凌等（2018）依据城市舒适性的内涵构建了包括自然环境、城市公共服务、城市基础设施、环境卫生条件、休闲游憩环境和社会氛围在内的中国城市舒适性评价指标体系②③④。

城市舒适性对人才流动的影响受到国内地理学、社会学、管理学等不同学科的关注。地理学者在刻画人才流动时空间特征的基础上深入剖析了不同类型的城市舒适性对各类人才流动的影响。相关研究表明，高品质的城市舒适性是影响“千人计划”学者、毕业大学生、专业技术人才等高学历人才流动的重要因素⑤⑥⑦。此外。不同维度舒适性的作用存在差异性。例如，林静霞等（2020）发现科研人才流动更加关注城市的气候等自然舒适性以及生活便利设施、教育资源、历史文化遗产等人工舒适性⑧。而社会学、管理学领域的学者更关注城市舒适性的政策维度。例如，张松林等（2019）认为人口迁移在大、小城市中分别获得的总舒适性程度不协调是新时代主要矛盾在城市发展方面的集中体现，新时代户籍制度改革的政策应考虑城市舒适性的公平性⑨。扈爽和朱启贵（2022）发现城市舒适性对

---

① Wu Yangyi，Yehua Dennis Wei，Li Han，et al. Amenity，firm agglomeration，and local creativity of producer services in Shanghai. Cities，2022，120：103421.

② 温婷，林静，蔡建明，等．城市舒适性：中国城市竞争力评估的新视角及市政研判．地理研究，2016，35（2）：214－226.

③ 喻忠磊，唐于渝，张华，等．中国城市舒适性的空间格局与影响因素．地理研究，2016，35（9）：1783－1798.

④ 马凌，李丽梅，朱竑．中国城市舒适物评价指标体系构建与实证．地理学报，2018，73（4）：755－770.

⑤ Song H S，Zhang M，Wang R Q. Amenities and spatial talent distribution：Evidence from the Chinese IT industry. Cambridge Journal of Regions，Economy and Society，2016，9（3）：517－533.

⑥ Jiang H N，Zhang W Z，Duan J. Location choice of overseas high－level young returned talents in China. Sustainability，2020，12（21）：9210.

⑦ He Jinliao，Song Yanjiao，Huang Xianjin，et al. An amenity－based approach to excellent returning scientists' location choice in China，Papers in Regional Science，2022，101（5）：1181－1197.

⑧ 林静霞，何金廖，黄贤金．城市舒适性视角下科研人才流动的城市偏好研究．地域研究与开发，2020，39（1）：59－64.

⑨ 张松林，孙文远，郑好青．城市便利性视角下人口迁移决策研究——新时代户籍制度改革的新框架．经济体制改革，2019（5）：68－73.

人才存在吸引作用，城市舒适性能够通过满足消费需求、优化创业环境和促进社会融入三个方面作用渠道发挥对人才的吸引力，随着经济水平的提升以及人口规模的扩大，城市舒适性对人才吸引力不断增强，因此，人才引进需要从改善城市空气质量、加快公共服务供给侧结构性改革、提升生活性服务供给品质、培育多元包容的社会环境等方面着手，从而构建人才“安其居乐其业”的美好图景①。

在城市舒适性与产业发展方面，国内学者就城市舒适性对产业集聚与结构优化的作用进行了研究。何金廖和曾刚（2019）探讨了城市舒适性对创意产业集聚的作用机理，以南京品牌设计产业作为案例研究，发现城市舒适性理论在解释创意产业的空间集聚动力方面具有很强的解释力。其中，高等教育、餐饮场所、购物中心、公园、停车场等因子是驱动品牌设计公司在南京老城中心集聚的核心动力②。王宁（2014）认为具有高人力资本的人才的选址行为可以影响高新技术产业公司的区位选择，城市政府为了吸引高新技术公司，既要考虑这些公司的盈利需要，也要考虑人才的舒适物偏好或人才的地方消费主义观念，在劳动力自由流动的条件下，地方消费主义构成助推城市产业结构优化升级的社会——文化力量③。

近年来，部分国内学者从城市舒适性的视角出发，讨论了舒适性与城市创新发展的关系。这些研究的核心观点是：城市舒适性吸引人才、公司企业等的流动与集聚，由此驱动城市的增长、创新与发展。浩飞龙等（2022）从城市舒适性视角探讨了长春市创新产出的空间格局及其影响因素，研究发现，城市舒适性对于长春市创新产出的空间集聚有一定影响，

① 扈爽，朱启贵．城市舒适物吸引了人才吗——基于我国地级市数据的实证研究．山西财经大学学报，2022，44（6）：28－41.

② 何金廖，曾刚．城市舒适性驱动下的创意产业集聚动力机制——以南京品牌设计产业为例．经济地理，2019，39（3）：134－142.

③ 王宁．地方消费主义、城市舒适物与产业结构优化——从消费社会学视角看产业转型升级．社会学研究，2014，29（4）：24－48.

休闲舒适性因子与长春市创新产出的空间分布整体相关性较强①。吴军等提出以舒适物为导向的城市发展理论模型，认为舒适物驱动城市发展作为一种城市理论新范式，有利于引导城市政策从关注产业发展转向关注人的发展需求，尤其是创新型人才在创意、消费、文化等方面的需求，从而吸引集聚高素质人力资本，并促进城市发展由外生力量向内生动力转变。

7.3 国内外城市舒适性研究的对比分析

随着经济全球化时代的到来，传统城市发展理论亟待更新。国外城市舒适性研究已有70余年的积累，获得了丰硕的成果。城市舒适性通过将人的需求与城市发展紧密联系在一起，是一种需求导向型的城市发展理念。城市舒适性通过影响人口、人才和企业的区位选择，特别是吸引高素质人才和高新技术企业入驻，推动城市高新技术产业和整体经济的发展，改变了以往以经济发展为中心的城市发展理论框架，提供了一种全新的城市发展视角。

当前，国外城市舒适性研究已形成较为成熟的城市舒适性理论体系，但仍存在一些不足：①城市舒适性理论内涵核心在于人的需求，但在全球化和知识经济的背景下，居民生活水平不断提升，数字经济和平台经济的快速发展使得舒适性主体的需求方式和内容不断变化，因此，舒适性理论的内涵需要不断拓展。②在实证研究方面，研究区域主要集中于欧美等发达国家地区，对部分发达国家的欠发达地区以及发展中国家的研究较为薄弱，因此，需要关注更多欠发达地区以及发展中国家的舒适性理论与实践，丰富相关实证研究，为现有城市舒适性理论提供补充。③现有城市舒适性水平评价方法主要通过指标体系从城市层面来评价，对城市内部舒适性评

---

① 浩飞龙，张杰，王士君．国内外城市舒适性研究综述与展望．地理科学进展，2022，41（12）：2396－2409.

价的精细度不够，随着大数据时代的到来，可以采用如兴趣点、手机信令数据等大数据方法从更为微观的角度对城市舒适性进行测度，提升评价结果的准确性与适用性。

国内有关舒适性研究相对较少，系统深入的研究相对缺乏。整体来看，存在以下特征：①已有文献主要以概念引进为基础，立足中国语境的城市舒适性理论构建还很稀缺，尽管现有研究探索了城市舒适性与人才流动、产业集聚以及城市创新发展的关系，但尚未形成体系，未来应进一步深入探究城市舒适性对于中国高素质劳动力流动分布、产业发展以及城市创新增长的作用机制。②已有研究大多在地级及以上城市的宏观尺度开展，对城市内部舒适性的评价及作用机理研究不足，未来应进一步从多尺度视角出发，探究城市舒适性的尺度效应，从而更有针对性地制定城市区域发展政策。③已有研究集中于探索人才、创意产业与城市舒适性的关系，缺乏不同类型人才、不同部门创意产业的细分研究，今后可关注如科研人才、各类技术人才、不同创意领域专业人才等对于舒适性的差异性偏好。④已有研究主要通过构建评价指标体系对区域或城市舒适性进行研究，极少开展问卷调查和访谈，对微观尺度和个人心理层面的舒适性研究关注不够。

总体而言，国内外学者对于城市舒适性研究的框架、概念和应用方向基本一致，但由于中国和西方发达国家在经济发展、城镇化水平以及社会文化等方面的差异性，使得国内外学者对城市舒适性概念内涵的理解以及不同维度舒适性在人才流动、产业集聚和城市创新发展等方面的作用机制存在区别。从已有实证研究来看，一方面，国外流动人群更关注城市的自然舒适性、社会氛围舒适性，而国内流动人群更关注人工舒适性，特别是城市所提供的教育以及医疗等资源。另一方面，城市人工舒适性的作用机制存在显著差异，国外高素质劳动力以及高新技术企业选址受咖啡厅、酒吧等商业设施的影响明显，国内则受中餐馆等舒适性因子影响更大；国外在城市更新时将历史文化遗迹等舒适性因子作为城市公共空间为人才提供交流空间、激发创作灵感，提升周围地价、改善生活环境品质以吸引高素质人才与企业集聚，而国内的历史文物遗迹大多作为文物保护单位进行保护，两者的作用具有显著的差异性。

中国与西方发达国家在经济发展阶段、城市化发展阶段和传统文化等方面的差异导致了中西方人在城市舒适性方面的需求差异。这是在构建中国城市舒适性概念框架、指标体系以及进行实证研究时与西方城市舒适性文献存在差异的主要原因。中国正处于工业化中后期，与当初的西方社会具有类似的特征，但由于中国的国情相对复杂，一方面有工业化时代的世界工厂，另一方面也拥有部分领先世界的创新技术和具有后工业化文化特色的大都市。在这样一个大融合的时代背景下，中国城市舒适性同样也呈现出混杂的色彩，一部分人仍然停留在以物质舒适性为主体的享乐主义世界中，例如，通过购买豪车、豪宅来实现人生价值，但同时也有一部分人开始追求精神层面的愉悦和自我价值，当前正在快速崛起的文化创意产业就是很好的证明。

7.4　未来研究展望

在我国城镇化转型发展和消费升级的背景下，城市舒适性对于促进国民生活品质、吸引高端人才集聚、推动城市经济创新发展、提升土地利用价值等方面具有巨大的价值。然而，与国外丰富多彩的研究相比，我国学者对城市舒适性的研究还很滞后。因此，加强中国语境下城市舒适性理论构建和实证研究已成为当前我国地理学和城市研究的当务之急。笔者认为，未来研究可以从以下几个方面进行突破。

（1）系统解析中国城市舒适性的内涵和构成体系。正如本书一直强调的那样，城市舒适性是一个情景化的概念，在不同的国家、不同的空间尺度，针对不同的人群，城市舒适性的内涵具有很大差异。了解中国人到底喜欢什么类型的舒适物对于我们系统认知中国化的城市舒适性内涵非常重要。这就需要我们从不同的地理尺度、不同人群的视角出发开展实证案例分析。例如，在宏观尺度，探究城市舒适性与区域创新资源（人才、企业、资本等）之间的相互关系，从而发掘驱动创新要素空间流动的舒适性因子；在微观尺度，通过对创新与创意人群空间活动行为和区位选择偏好的分析，为城市创意空间、创意产业园区、文化街区等舒适性环境营造提供科学依据。

（2）深入解读城市舒适性的文化和社会价值。当前国内的舒适性研究主要从经济学视角出发探讨城市舒适性对于产业、人才集聚等方面的影响，而从文化和社会学视角出发的研究还相对稀缺。事实上，理解城市舒适性的文化和社会价值对于认识舒适性的文化独特性、社会公平性、地方真实性具有重要的意义。例如，历史建筑景观不仅是旅游吸引物，更是身份认同和地方感形成的催化剂，因此，保护和合理利用历史文化舒适物对于挖掘城市历史底蕴、彰显个性特色具有重要指导价值。再如，一些优质的景观资源（如滨江和临海区域）、自然和文化遗产资源，原本应该作为公共资源为全民共享，而很多城市将这些"舒适物"作为商业资产卖给开发商，导致了舒适物的私有化问题，因此，未来研究还需要加强对舒适物的公共产品属性的讨论。

（3）紧跟时代发展，与数字经济和新消费场景紧密结合。随着数字经济的崛起，城市舒适性的内容也开始延伸到虚拟空间。例如，网红打卡地作为新型的城市舒适物改变了传统空间生产的逻辑，属于实体空间与虚拟空间相互作用的产物。尤其对于 Z 时代的消费群体而言，城市舒适性的内容变得更为多元化、另类化、非主流化。新生代（一般指 1995 年以后出生的群体）作为新经济的推动者，更热衷于网络空间的互动，他们有着独特的兴趣爱好，渴望被认同，热爱分享，同时又具有很强的消费欲望。因此，未来城市舒适性研究应重点关注新生代群体的需求，探讨新消费场景下城市舒适性的类别和形成机理。

（4）紧扣国家需求，积极服务新型城镇化建设实践。新时期，为满足人民群众对美好生活的愿望，国家大力推动以人为核心的新型城镇化建设，致力于打造宜居宜业宜游的“三生”空间，地方政府也正在如火如荼地开展“智慧城市”“韧性城市”“人文城市”“公园城市”等新型城镇化建设工作。开展中国城市舒适性研究应紧密结合国家新型城镇化发展需求，尤其应关注我国的旧城改造计划，发挥城市舒适性理论的优势，为城市当局打造高品质社区、新消费空间、特色鲜明的旅游景区提出可行性方案。

总之，城市舒适性理论作为新兴的交叉学科领域，融合了人力资本、新城市主义、新经济地理学等多个学科视角，使中国经济进入高质量发展、人民消费升级的当下，拥有巨大的应用价值和生命力，预期随着越来越多中国学者的关注，城市舒适性理论体系将变得更为系统和成熟，从而为我国新型城镇化建设、高端人才引进、创新发展、文化与旅游产业发展等工作提供扎实的学科支撑。

参考文献

[1] He J, Huang X, Xi G. Urban amenities for creativity: An analysis of location drivers for photography studios in Nanjing. Cities, 2018, 74 (4): 310 - 319.

[2] Thornthwaite C W. Internal Migration in the United States, Study of Population Redistribution Bull. Philadelphia, USA: University of Pennsylvania, 1934.

[3] Bright M L, Thomas D S. Interstate Migration and Intervening Opportunities, American Sociological Review, 1941, 6: 773 - 783.

[4] Ullman E L. Amenities as a factor in regional growth. Geographical Review, 1954, 44 (1): 119 - 132.

[5] Bartik T J, Smith V K. Urban ameities and pubic policy [C] //Mils E S. Handbook of regional and urban economics. Amsterdam, Netherlands: Elsevier 1987.

[6] Power T M. The economic pursuit of quality. New York, USA: ME Sharpe Armonk, 1988.

[7] Gottlieb P D. Amenities as an economic development tool: Is there enough evidence? . Economic development quarterly, 1994, 8 (3): 270 - 285.

[8] Luger M I. Quality - of - life differences and urban and regional outcomes: A review. Housing policy debate, 1996, 7 (4): 749 - 771.

[9] Glaeser E L. Are cities dying? . Journal of economic perspectives, 1998, 12 (2): 139 - 160.

[10] Clark T N, Lloyd R, Wong K K, et al. Amenities drive urban growth. Journal of urban affairs, 2002, 24 (5): 493 – 515.

[11] Scott A J. Jobs or amenities? Destination choices of migrant engineers in the USA. Papers in Regional Science, 2010, 89 (1): 43 – 63.

[12] Florida R. The rise of the creative class. New York, USA: Basic books, 2002.

[13] Mulligan G F, Carruthers J I. Amenities, quality of life, and regional development [M] //Investigating Quality of Urban Life: Theory, Methods, and Empirical Research. Dordrecht, Netherlands: Springer, 2011.

[14] Zheng L. What city amenities matter in attracting smart people? . Papers in Regional Science. 2016, 95 (2): 309 – 327.

[15] Argent N, Tonts M, Jones R, et al. A creativity – led rural renaissance? Amenity – led migration, the creative turn and the uneven development of rural Australia. Applied Geography, 2013, 44: 88 – 98.

[16] 吴文钰．城市便利性、生活质量与城市发展：综述及启示．城市规划学刊，2010，189（4）：71 – 75.

[17] 温婷，蔡建明，杨振山，等．国外城市舒适性研究综述与启示．地理科学进展，2014，33（2）：249 – 258.

[18] 喻忠磊，唐于渝，张华，等．中国城市舒适性的空间格局与影响因素．地理研究，2016，35（9）：1783 – 1798.

[19] 马凌，李丽梅，朱竑．中国城市舒适物评价指标体系构建与实证．地理学报，2018，73（4）：755 – 770.

[20] 何金廖，曾刚．城市舒适性驱动下的创意产业集聚动力机制——以南京品牌设计产业为例．经济地理，2019，39（3）：134 – 142，161.

[21] 张文忠．宜居城市的内涵及评价指标体系探讨．城市规划学刊，2007，169（3）：30 – 34.

[22] 孙久文，蒋治．中国沿海地区高质量发展的路径．地理学报，2021，

76 (2): 277-294.

[23] 刘浩，马琳，李国平．中国城市全要素生产率的演化格局及其影响因．地理研究，2020，39 (4): 880-891.

[24] 李汝资，刘耀彬，王文刚，等．长江经济带城市绿色全要素生产率时空分异及区域问题识别．地理科学，2018，38 (9): 1475-1482.

[25] Faggian A, Royuela V. Migration flows and quality of life in a metropolitan area: The case of Barcelona - Spain. Applied Research in Quality of Life, 2010, 5 (3): 241-259.

[26] Hansen H K, Niedomysl T. Migration of the creative class: evidence from Sweden. Journal of Economic Geography, 2009, 9 (2): 191-206.

[27] Florida R. The economic geography of talent. Annals of the Association of American geographers, 2002, 92 (4): 743-755.

[28] 方创琳．中国新型城镇化高质量发展的规律性与重点方向．地理研究，2019，38 (1): 13-22.

[29] 林静霞，何金廖，黄贤金．城市舒适性视角下科研人才流动的城市偏好研究．地域研究与开发，2020，39 (1): 59-64, 88.

[30] He J, Song Y, Huang X, et al. An amenity - based approach to excellent returning scientists' location choice in China. Papers in Regional Science, 2022, 101 (5): 1181-1197.

[31] Albouy D, Graf W, Kellogg R, et al. Climate amenities, climate change, and American quality of life. Journal of the Association of Environmental and Resource Economists, 2016, 3 (1): 205-246.

[32] Sinha P, Caulkins M, Cropper M. The value of climate amenities: A comparison of hedonic and discrete choice approaches. Journal of Urban Economics, 2021, 126: 103371.

[33] 温婷，蔡建明，杨振山，等．国外城市舒适性研究综述与启示．地理科学进展，2014，33 (2): 249-258.

[34] 何金廖，曾刚．城市舒适性驱动下的创意产业集聚动力机制——以南京品牌设计产业为例．经济地理，2019，39（3）：134－142，161.

[35] 温婷，林静，蔡建明，等．城市舒适性：中国城市竞争力评估的新视角及实证研判．地理研究，2016，35（2）：214－226.

[36] 吴良镛．人居环境科学导论．北京：中国建筑工业出版社，2001.

[37] 张文忠．宜居城市的内涵及评价指标体系探讨．城市规划学刊，2007，14（3）：30－34.

[38] 顾文选，罗亚蒙．宜居城市科学评价标准．北京规划建设，2007（1）：7－10.

[39] 楚建群，董黎明．创造良好的城市宜居环境．北京规划建设，2007（1）：15－17.

[40] 吴良镛．人居环境科学导论．北京：中国建筑工业出版社，2001.

[41] He J，Huang X，Xi G. Urban amenities for creativity：An analysis of location drivers for photography studios in Nanjing，China. Cities，2018，74（4）：310－319.

[42] Boyer R，Savageau D. Places rated almanac：Your guide to finding the best places to live in North America．New York，USA：Prentice Hall，1989.

[43] Florida R. Bohemia and economic geography. Journal of Economic Geography，2002，2（1）：55－71.

[44] Florida R. The economic geography of talent. Annals of the Association of American Geographers，2002，92（4）：743－755.

[45] Clark T N. Urban Amenities：Lakes，opera，and juice bars：Do they drive development? //Clark T N. The City as an Entertainment Machine. New York：Elsevier，2004.

[46] Glaeser E L，Kolko J，Saiz A. Consumer and cities//Clark T N. The City as an Entertainment Machine. New York：Elsevier，2004：178－179.

[47] 温婷，林静，蔡建明，等．城市舒适性：中国城市竞争力评估的新视角及市政研判．地理研究，2016，35（2）：214－226.

[48] 喻忠磊，唐于渝，张华，等．中国城市舒适性的空间格局与影响因素．地理研究，2016，35（9）：1783－1798.

[49] 马凌，李丽梅，朱竑．中国城市舒适物评价指标体系构建与实证．地理学报，2018，73（4）：755－770.

[50] Winters J V，Li Y. Urbanisation，natural amenities and subjective well－being：Evidence from US counties. Urban Studies，2016：1－18.

[51] 温婷，蔡建明，杨振山，等．国外城市舒适性研究综述与启示．地理科学进展，2014，33（2）：249－258.

[52] 浩飞龙，张杰，王士君．国内外城市舒适性研究综述与展望．地理科学进展，2022，41（12）：2396－2409.

[53] Rosen S. Wage－based indexes of urban quality of life//Mieszkowski P，Straszheim M. Current issues in urban economics. Baltimore，USA：Johns Hopkins University Press，1979：74－104.

[54] Wen H，Li S，Hui E C M，et al. Purchase Motivation，Landscape Preference，and Housing Prices：Quantile Hedonic Analysis in Guangzhou，China. Journal of Urban Planning and Development，2021，147（3）：04021033.

[55] Rik W T，Atzema O，Frenken K. Urban amenities and agglomeration economies? The locational behaviour and economic success of Dutch fashion design entrepreneurs. Urban Studies，2011，48（7）：1333－1352.

[56] Reuschke D，Houston D. The intra－urban residential and workplace locations of small business owners. Journal of Urban Affairs，2022，44（7）：926－948.

[57] Melanie Arntz，Eduard Brüll，Cäcilia Lipowski. Do preferences for urban amenities differ by skill? Journal of Economic Geography，2023，23

(3): 541 -576.

[58] Zheng L. What city amenity matter in attracting smart people? Papers in Regional Science, 2016, 95 (2): 309 -327.

[59] 喻忠磊，唐于渝，张华，等. 中国城市舒适性的空间格局与影响因素. 地理研究，2016，35 (9): 1783 -1798.

[60] 马凌，李丽梅，朱竑. 中国城市舒适物评价指标体系构建与实证. 地理学报，2018，73 (4): 755 -770.

[61] 温婷，林静，蔡建明，等. 城市舒适性：中国城市竞争力评估的新视角及市政研判. 地理研究，2016，35 (2): 214 -226.

[62] 国家气象信息中心：http://data.cma.cn/data.

[63] 远播教育网：http://guoji.114study.com/schools/.

[64] 好大夫网：https://www.haodf.com/yiyuan/beijing/list.htm.

[65] Crescenzi R, Rodríguez - Pose A. The geography of innovation in China and India. International Journal of Urban and Regional Research, 2017, 41 (6): 1010 -1027.

[66] Cooke P. Regional innovation, entrepreneurship and talent systems. International Journal of Entrepreneurship and Innovation Management, 2007, 7 (5): 117 -139.

[67] 项本武，杨晓北. 中国城市便利性对城市人口增长的影响研究. 城市发展研究，2017，24 (2): 146 -150.

[68] 陈鹏鑫，朱妮娜，何金廖等. 舒适性视角下流动人才居留意愿空间差异及影响因素——以长三角城市群为例. 华东经济管理，2023，37 (7): 22 -30.

[69] Griliches Z. Issues in assessing the contribution of research and development to productivity growth. The bell journal of economics, 1979, 10 (1): 92 -116.

[70] Gordon I R, McCann P. Innovation, agglomeration, and regional develop-

ment. Journal of economic Geography, 2005, 5 (5): 523 - 543.

[71] Kafouros M, Wang C, Piperopoulos P, et al. Academic collaborations and firm innovation performance in China: The role of region - specific institutions. Research Policy, 2015, 44 (3): 803 - 817.

[72] Crescenzi R, Rodríguez - Pose A. The geography of innovation in China and India. International Journal of Urban and Regional Research, 2017, 41 (6): 1010 - 1027.

[73] Fujita M, Thisse J F. Does geographical agglomeration foster economic growth? And who gains and loses from it? . The Japanese Economic Review, 2003, 54 (2): 121 - 145.

[74] Low L. From Agglomeration to Innovation: upgrading industrial clusters in emerging economies. Asian - Pacific Economic Literature, 2010 (2): 178 - 179.

[75] Morgan K. The exaggerated death of geography: learning, proximity and territorial innovation systems. Journal of economic geography, 2004, 4 (1): 3 - 21.

[76] Gordon I R, McCann P. Innovation, agglomeration, and regional development. J Econ Geogr, 2005, 5 (5): 523 - 543.

[77] Kafouros M, Wang C, Piperopoulos P, et al. Academic collaborations and firm innovation performance in China: the role of region - specifc institutions. Res Policy, 2015, 44 (3): 803 - 817.

[78] Agrawal A, Kapur D, McHale J. How do spatial and social proximity influence knowledge flows? Evidence from patent data. Journal of urban economics, 2008, 64 (2): 258 - 269.

[79] Rong Z, Wu X, Boeing P. The effect of institutional ownership on firm innovation: Evidence from Chinese listed firms. Research Policy, 2017, 46 (9): 1533 - 1551.

[80] Wu J, Zhuo S, Wu Z. National innovation system, social entrepreneurship, and rural economic growth in China. Technological Forecasting and Social Change, 2017, 121 (8): 238 – 250.

[81] Fitjar R D, Rodríguez – Pose A. Networking, context and firm – level innovation: cooperation through the regional flter in Norway. Geoforum, 2015, 63 (7): 25 – 35.

[82] Agrawal A, Kapur D, McHale J. How do spatial and social proximity influence knowledge flows? Evidence from patent data. Journal of urban economics, 2008, 64 (2): 258 – 269.

[83] Kafouros M, Wang C, Piperopoulos P, Zhang M. Academic collaborations and firm innovation performance in China: the role of region – specifc institutions. Res Policy, 2015, 44 (3): 803 – 817.

[84] Zandiatashbar A, Hamidi S. Impacts of transit and walking amenities on robust local knowledge economy. Cities, 2018, 81: 161 – 171.

[85] He J, Huang X, Xi G. Urban amenities for creativity: An analysis of location drivers for photography studios in Nanjing, China. Cities, 2018, 74 (11): 310 – 319.

[86] He J, Liu H, Salvo A. Severe air pollution and labor productivity: Evidence from industrial towns in China. American Economic Journal: Applied Economics, 2019, 11 (1): 173 – 201.

[87] 吕拉昌，于英杰，栾惠．北京城市舒适性、差异性与创新能力的关系．地理科学，2022，42 (1): 115 – 125.

[88] Zhang M, Partridge M D, Song H. Amenities and the geography of innovation: evidence from Chinese cities. The Annals of Regional Science, 2020, 65 (1): 105 – 145.

[89] Ji Y, Wang Z. Impact of local living environment on innovation efficiency of high – tech industries in China: A spatial analysis. Environmental Sci-

ence and Pollution Research, 2022, 29 (48): 73563 – 73576.

[90] Glaeser E L, Kolko J, Saiz A. Consumer city. Journal of economic geography, 2001, 1 (1): 27 – 50.

[91] Adamson D W, Clark D E, Partridge M D. Do urban agglomeration effects and household amenities have a skill bias. Journal of Regional Science, 2004, 44 (2): 201 – 224.

[92] Li M, Goetz S J, Partridge M, et al. Location determinants of high – growth firms. Entrepreneurship & Regional Development, 2016, 28 (1 – 2): 97 – 125.

[93] Wu W, Dong G. Valuing the "green" amenities in a spatial context. Journal of Regional Science, 2014, 54 (4): 569 – 585.

[94] Carlino G A, Saiz A. Beautiful city: Leisure amenities and urban growth. Journal of Regional Science, 2019, 59 (3): 369 – 408.

[95] Sun C, Zheng S, Wang J, et al. Does clean air increase the demand for the consumer city? Evidence from Beijing. Journal of Regional Science, 2019, 59 (3): 409 – 434.

[96] Marshall, A. Principles of Economics. London: Macmillan, 1920.

[97] Porter M E. Locations, clusters, and company strategy. The Oxford handbook of economic geography, Oxford: Oxford University Press, 2000.

[98] Parr J B. Agglomeration economies: ambiguities and confusions. Environment and planning A, 2002, 34 (4): 717 – 731.

[99] 王缉慈．超越集群．北京：科学出版社, 2010.

[100] Gordon I R, McCann P. Industrial clusters: complexes, agglomeration and/or social networks?. Urban studies, 2000, 37 (3): 513 – 532.

[101] Scott A J. Cultural economy and the creative field of the city. Geografiska Annaler: series B, human geography, 2010, 92 (2): 115 – 130.

[102] He J L, Gebhardt H. Space of creative industries: A case study of spatial

characteristics of creative clusters in Shanghai. European planning studies, 2014, 22 (11): 2351 -2368.

[103] Wu Y, Wei Y. D, Li H, et al. Amenity, firm agglomeration, and local creativity of producer services in Shanghai. Cities, 2022, 120 (1): 103421.

[104] Smętkowski M, Celińska - Janowicz D, Wojnar K. Location patterns of advanced producer service firms in Warsaw: A tale of agglomeration in the era of creativity. Cities, 2021, 108 (1): 102937.

[105] Florida R. The rise of the creative class. New York: Basic books, 2002.

[106] Gottlieb P D. Residential amenities, firm location and economic development. Urban Studies, 1995, 32 (9): 1413 -1436.

[107] Wenting R, Atzema O, Frenken K. Urban Amenities and Agglomeration Economies. Urban Studies, 2011, 48: 1333 - 1352.

[108] Smętkowski M, Celińska - Janowicz D, Wojnar K. Location patterns of advanced producer service firms in Warsaw: A tale of agglomeration in the era of creativity. Cities, 2021, 108 (1): 102937.

[109] Glaeser E L., Tobio K., The Rise of the Sunbelt. 2007 Working paper, DOI 10.3386/w13071.

[110] Lucas R E. On the mechanics of economic development. Quantitative Macroeconomics Working Papers, 1999, 22 (1): 3 -42.

[111] Florida R. The Rise of the Creative Class. New York: Basic Books, 2002.

[112] Musterd S, Murie A. Making competitive cities. Pathways Actors and Policies. London: Blackwell, 2009.

[113] 王荣欣．中国创意阶层的空间流动．广东省社会科学院，2014.

[114] Schultz, T W. Investment in human capital. American Economic Review, 1961, 51 (1): 1 -17.

[115] 加里·贝克尔．人力资本．北京：机械工业出版社，2016.

[116] Ravenstein E G. The laws of migration. Journal of the Statistical Society of London, 1885, 48 (2): 167 - 198.

[117] 李竞能.现代西方人口理论.复旦大学出版社, 2004.

[118] 段成荣.人口迁移研究原理与方法.重庆:重庆出版社, 1998.

[119] Bogue D J. Streams of Migration Between Subregions: A Pilot Study of Migration Flows between Environments. Population, 1958, 13 (2): 328 - 345.

[120] Lee E S. A theory of migration. Demography, 1966, 3 (1): 47 - 57.

[121] 秦健,周红莉.推拉理论视野下中部地区高层次人才流动影响因素及治理分析——以 ZZ 市为例.决策科学, 2022, 2 (2): 46 - 53.

[122] Houston D, Findlay A, Harrison R, et al. Will attracting the "creative class" boost economic growth in old industrial regions? a case study of Scotland. Geografiska Annaler: Series B, Human Geography, 2008, 90 (2): 133 - 149.

[123] Mcgranahan D A, Wojan T R, Lambert D M. The rural growth trifecta: outdoor amenities, creative class and entrepreneurial context. Journal of Economic Geography, 2011, 11 (3): 529 - 557.

[124] Lazzeretti L, Innocenti N, Capone F. The impact of related variety on the creative employment growth. Annals of Regional Science, 2017, 58 (3): 495 - 512.

[125] 张可云,赵文景.区域经济增长、"3T"假说与创意阶层分布——基于省际动态面板数据的系统 GMM 估计.中国地质大学学报:社会科学版, 2017, 17 (4): 17 - 127.

[126] 洪进,余文涛,杨凤丽.人力资本、创意阶层及其区域空间分布研究.经济学家, 2011, 153 (9): 28 - 35.

[127] Glaeser E L, Tobio K. The Rise of the Sunbelt. Southern Economic Journal, 2008, 74 (3): 609 - 643.

[128] Florida R. The rise of the creative class: And how it's transforming work, leisure, community and everyday life. New York: Basic Books, 2002.

[129] 林剑，李中斌．创意人才研究述评．经济问题探索，2012，363 (10)：165 –171.

[130] 李津．创意产业人才素质要求与胜任力研究．科学学与科学技术管理，2007，311 (8)：193 –195.

[131] 蒋三庚，王晓红，等．创意经济概论．北京：首都经济贸易大学出版社，2009.

[132] Houston D, Findlay A, Harrison R, et al. Will attracting the "creative class" boost economic growth in old industrial regions? a case study of Scotland. Geografiska Annaler: Series B, Human Geography, 2008, 90 (2): 133 –149.

[133] Qian H. Talent, creativity and regional economic performance: the case of China. The Annals of Regional Science, 2010, 45 (1): 133 –156.

[134] Sanchez –Moral S, Arellano A, Diez –Pisonero R. Interregional Mobility of Talent in Spain: The Role of Job Opportunities and Qualities of Places During the Recent Economic Crisis. Environment and Planning A: Economy and Space, 2017, 50 (4): 789 –808.

[135] Olfert M R, Partridge M. Creating the cultural community: ethnic diversity vs. agglomeration. Spatial Economic Analysis, 2011, 6 (1): 25 –55.

[136] Rappaport J. Moving to nice weather. Regional Science and Urban Economics, 2007, 37 (3): 375 –398.

[137] Motoyama Y, Desai S. Stickiness of entrepreneurs: An exploratory study of migration in two mid – sized US cities. Small Business Economics, 2022, 58 (4): 2139 –2155.

[138] 刘晔，沈建法，刘于琪．西方高端人才跨国流动研究述评．人文地理，2013，28 (2)：7 –12.

[139] Khoo S E, Mcdonald P, Hugo V G. A Global Labor Market: Factors Motivating the Sponsorship and Temporary Migration of Skilled Workers to Australia. International Migration Review, 2010, 41 (2): 480－510.

[140] 周亮，张亚．中国顶尖学术型人才空间分布特征及其流动趋势：以中国科学院院士为例．地理研究，2019，38 (7)：1749－1763.

[141] 窦旺胜，秦波，郝美竹，等．中国青年流动人口城市选择的空间特征及影响因素．地理研究，2023，42 (5)：1234－1247.

[142] Waal J V D. Cultural Amenities and Unemployment in Dutch Cities. Urban Studies, 2013, 50 (14): 2869－2885.

[143] 何金廖，彭珏，胡浩．设计创意人才的空间集聚及其影响机理研究——基于城市舒适性视角．地理科学，2021，41 (9)：1525－1535.

[144] Buch T, Hamann S, Niebuhr A, et al. What makes cities attractive? The determinants of urban labour migration in Germany. Urban Studies, 2014, 51 (9): 1960－1978.

[145] 余文涛，吴士炜．基于异质性视角的创意阶层区域分布的影响因素．北京理工大学学报（社会科学版），2019，21 (4)：64－72.

[146] 张雅宁，张旭．传统创意群体的流动网络与影响因素——以中国名厨为例．热带地理，2022，42 (11)：1890－1903.

[147] Markusen A. Creative cities: a 10－year research agenda. Journal of Urban Affairs, 2014, 36 (s2): 567－589.

[148] 蓝轩．中国音乐产业40年：回顾与展望．民族艺术研究，2021，34 (5)：94－101.

[149] Caves R E. Contracts between art and commerce. Journal of Economic Perspectives, 2003, 17 (2): 73－83.

[150] Gill R, Pratt A. In the social factory: Immaterial labour, precariousness and cultural work. Theory, Culture & Society, 2008, 25 (7－8): 1－30.

[151] 杨匡民．民歌旋律地方色彩的形成及色彩区的划分．中国音乐学，

1987 (1): 105－117, 2.

[152] 吴永生，冯健，张小林．中国民歌文化的地域特征及其地理基础．人文地理，2005（2）：88－92.

[153] 乔建中．论中国传统音乐的地理特征及中国音乐地理学的建设．中央音乐学院学报，1998（3）：3－9.

[154] Carney G O. T for Texas, T for Tennessee: The origins of American country music notables. Journal of Geography (Houston), 1979, 78 (6): 218－225.

[155] Strait J B. Geographical study of American blues culture. Journal of Geography, 2010, 109 (1): 30－39.

[156] Kuhlken R. The geography of zydeco music. Journal of Cultural Geography, 1991, 12 (1): 27－38.

[157] Hracs B J, Grant J L, Haggett J, et al. A tale of two scenes: civic capital and retaining musical talent in Toronto and Halifax. The Canadian Geographer, 2011, 55 (3): 365－382.

[158] Hracs B J, Seman M, Virani T E, et al. The Production and Consumption of Music in the Digital Age. London: Routledge, 2016.

[159] Florida R, Jackson S. Sonic city: The evolving economic geography of the music industry. Journal of Planning Education and Research, 2010, 29 (3): 310－321.

[160] 王骏川，罗秋菊，林潼．嵌套的边界：节庆深度参与者群体认同构建——以迷笛音乐节的迷笛黔军为例．旅游学刊，2020，35（5）：139－150.

[161] 吴少峰，戴光全．迷笛音乐节中循环新部落的联结与交往特质．旅游学刊，2019，34（6）：74－84.

[162] Mortimer J H, Nosko C, Sorensen A. Supply responses to digital distribution: Recorded music and live performances. Information Economics

and Policy, 2012, 24 (1): 3 – 14.

[163] 蔡际洲．文化地理学视野中的中国音乐家研究．中国音乐学，2005 (2): 105 – 112.

[164] 乔建中．论中国传统音乐的地理特征及中国音乐地理学的建设．中央音乐学院学报，1998 (3): 3 – 9.

[165] Carney G O. T for Texas, T for Tennessee: The origins of American country music notables. Journal of Geography (Houston), 1979, 78 (6): 218 – 225.

[166] 陈敏．中国嘻哈文化的本土化及其启示．中华文化论坛，2013 (7): 162 – 165.

[167] Boren T, Young C. The migration dynamics of the "Creative Class": Evidence from a study of artists in Stockholm, Sweden. Annals of the Association of American Geographers, 2013, 103 (1): 195 – 210.

[168] Alfken C. Ich will nicht nach Berlin! – Life course analysis of inter – regional migration behaviour of people from the field of design and advertising. Environment and Planning A – Economy and Space, 2015, 47 (10): 2187 – 2203.

[169] Vossen D, Sternberg R, Alfken C. Internal migration of the 'creative class' in Germany. Regional Studies, 2019, 53 (10): 1359 – 1370.

[170] 温婷，蔡建明，杨振山，等．国外城市舒适性研究综述与启示．地理科学进展，2014, 33 (2): 249 – 258.

[171] Green G P, Deller S C, Marcouiller D W. Amenities and rural development: Theory, methods, and public policy. Northampton: EdwardElgar, 2005.

[172] Brueckner J K, Thisse J F, Zenou Y. Why is central Paris rich and downtown Detroit poor: An amenity – based theory. European Economic Review, 1999, 43 (1): 91 – 107.

[173] 何金廖，彭珏，胡浩．设计创意人才的空间集聚及其影响机理研究——基于城市舒适性视角．地理科学，2021，40（9）：1525－1535.

[174] Markusen A. Urban development and the politics of a creative class：evidence from a study of artists. Environment and Planning A，2006，38（10）：1921－1940.

[175] Scott A J. Cultural economy and the creative field of the city. Geografiska Annaler Series B－Human Geography，2010，92（2）：115－130.

[176] 马凌，李丽梅，朱竑．中国城市舒适物评价指标体系构建与实证．地理学报，2018，73（4）：755－770.

[177] Glaeser E L，Kolko J，Saiz A. Consumer city. Journal of Economic Geography，2001，1（1）：27－50.

[178] Clark T N. Urban amenities：Lakes，opera，and juice bars：Do they drive development Research in Urban Policy，2003，9：103－140.

[179] 张文忠．宜居城市建设的核心框架．地理研究，2016，35（2）：205－213.

[180] 温婷，蔡建明，杨振山，等．国外城市舒适性研究综述与启示．地理科学进展，2014，33（2）：249－258.

[181] Florida R，Mellander C，Stolarick K. Inside the black box of regional development—human capital，the creative class and tolerance. Journal of Economic Geography，2008，8（5）：615－649.

[182] 蔡际洲．文化地理学视野中的中国音乐家研究．中国音乐学，2005（2）：105－112.

[183] 刘爱利，刘福承，刘敏，等．国内外旅游声景研究进展．旅游学刊，2016，31（3）：114－126.

[184] Hansen H K，Niedomysl T. Migration of the creative class：evidence from Sweden. Journal of Economic Geography，2009，9（2）：191－206.

[185] Alfken C，Broekel T，Sternberg R. Factors explaining the spatial agglom-

eration of the creative class: Empirical evidence for German artists. European Planning Studies, 2015, 23 (12): 2438 - 2463.

[186] Currid E. Bohemia as subculture; "bohemia" as industry: Art, culture, and economic development. Journal of Planning Literature, 2009, 23 (4): 368 - 382.

[187] Clifton N. The "creative class" in the UK: An initial analysis. Geografiska Annaler Series B - Human Geography, 2008, 90 (1): 63 - 82.

[188] Alfken C. Ich will nicht nach Berlin! - Life course analysis of inter - regional migration behaviour of people from the field of design and advertising. Environment and Planning A - Economy and Space, 2015, 47 (10): 2187 - 2203.

[189] 蓝轩. 中国音乐产业40年：回顾与展望. 民族艺术研究, 2021, 34 (5): 94 - 101.

[190] 潮龙起. 高校高层次海归人才现状及其作用研究——以中央"千人计划"为中心. 东南亚研究, 2014, 211 (4): 57 - 63.

[191] Lam D, Schoeni RF. Effects of family background on earnings and returns to schooling: evidence from Brazil. Journal of Political Economy, 1993, 101 (4): 710 - 740.

[192] Mayda AM. International migration: A panel data analysis of the determinants of bilateral flows. Journal of Population Economics, 2010, 23 (4): 1249 - 1274.

[193] Grogger J, Hanson GH. Attracting talent: Location choices of foreign - born PhDs in the United States. Journal of Labor Economics, 2015, 33 (1): S5 - S38.

[194] Zeithammer R, Kellogg RP. The Hesitant Hai Gui: return - Migration preferences of U. S. - Educated Chinese scientists and engineers. Journal of Marketing Research, 2013, 50 (5): 644 - 663.

[195] Kahn S, MacGarvie M. The impact of permanent residency delays for STEM PhDs: Who leaves and why. Research policy, 2020, 49 (9): 103879.

[196] Florida R. The Rise of the Creative Class Revisited. 10th Anniversary Edition. New York: Perseus Distribution, 2014.

[197] Niedomysl T, Hansen HK. What matters more for the decision to move: jobs versus amenities. Environment & Planning A, 2010, 42 (7): 1636 – 1649.

[198] Wenting R, Atzema O, Frenken K. Urban amenities and agglomeration economies? the locational behavior and economic success of Dutch fashion design entrepreneurs. Urban Studies, 2011, 48 (7): 312 – 331.

[199] Faggian A, Royuela V. Migration flows and quality of life in a metropolitan area: the case of Barcelona – Spain. Applied Research in Quality of Life, 2010, 5 (3): 241 – 259

[200] Davies PS, Greenwood MJ, and Li H. A Conditional Logit Approach to U. S. State – to – State Migration. Journal of Regional Science, 2001, 41 (2): 337 – 360.

[201] McFadden D. Conditional logit analysis of qualitative choice behavior. New York: Frontiers in Econometric, Academic Press, 1974.

[202] Wenting R, Atzema O, Frenken K. Urban Amenities and Agglomeration Economies? The Locational Behaviour and Economic Success of Dutch Fashion Design Entrepreneurs. Urban studies (Edinburgh, Scotland), 2011, 48 (7): 1333 – 1352.

[203] Glaeser E L. Triumph of the City: How Our Greatest Invention Makes Us Richer Smarter Greener Healthier and Happier. Economic Geography, 2012, 88: 97 – 100.

[204] Chen Y, Rosenthal SS. Local amenities and life – cycle migration: Do people move for jobs or fun? Journal of urban economics, 2008, 64

(3): 519 – 537.

[205] Florida R, The Rise of the Creative Class Revisited. 10th Anniversary Edition. New York: Perseus Distribution, 2014.

[206] Baruffaldi S H, Landoni P. Return mobility and scientific productivity of researchers working abroad: The role of home country linkages. Research Policy, 2012, 41 (9): 1655 – 1665.

[207] Azoulay P, Ganguli I, Graff ZJ. The mobility of elite life scientists: professional and personal determinants. Research Policy, 2017, 46 (3): 573 – 590.

[208] Gottlieb P. Amenities as an Economic Development Tool: Is there Enough Evidence? Economic development quarterly, 1994, 8 (3): 270 – 285.

[209] Glaeser E, Shapiro J. Urban Growth in the 1990s: Is City Living Back? Journal of regional science, 2003, 43 (1): 139 – 165.

[210] Chen Y, Rosenthal S. Local amenities and life – cycle migration: Do people move for jobs or fun? Journal of urban economics, 2008, 64 (3): 519 – 537.

[211] Duranton G, Turner Ma. Urban Growth and Transportation. The Review of economic studies, 2012, 79 (4): 1407 – 1440.

[212] He J, Huang X. Agglomeration, Differentiation and Creative Milieux: A Socioeconomic Analysis of Location Behaviour of Creative Enterprises in Shanghai. Urban policy and research, 2018, 36 (1): 79 – 96.

[213] Sonnenschein TS, Scheider S, Zheng S. The rebirth of urban subcenters: How subway expansion impacts the spatial structure and mix of amenities in European cities. Environment and planning. B, Urban analytics and city science, 2022, 49 (4): 1266 – 1282.

[214] Mahe C. Publicly provided healthcare and migration. Economics and human biology, 2020 (39).

[215] Baruffaldi S H, Landoni P. Return mobility and scientific productivity of researchers working abroad: The role of home country linkages. Research policy, 2012, 41 (9): 1655 -1665.

[216] Azoulay P, Ganguli I, Graff Zivin J. The mobility of elite life scientists: Professional and personal determinants, Research policy. 2017, 46 (3): 573 -590.

[217] 温婷，蔡建明，杨振山，宋涛．国外城市舒适性研究综述与启示．地理科学进展，2014，33（2）：249 -258.

[218] Colwell P F, Dilmore G. Who was first? An examination of an early hedonic study. Land Economics, 1999, 4.

[219] Goodman A C. Andrew Court and the Invention of Hedonic Price Analysis Journal of Urban Economics, 1998, 44.

[220] Lancaster K J. A new approach to consumer theory, Journal of Political Economy, 1966, 74.

[221] Rosen S. Hedonic Prices and Implicit Markets: Product Differentiation in Pure Competition Journal of Political Economy, 1974, 1.

[222] 王洋，王德利，王少剑．中国城市住宅价格的空间分异格局及影响因素．地理科学，2013，33（10）：1157 -1165.

[223] 王少剑，王洋，蔺雪芹，等．中国县域住宅价格的空间差异特征与影响机制．地理学报，2016，71（8）：1329 -1342.

[224] 杨海珍，向悦，王开阳．推动中国商品住宅价格的主要因素：时期与城市差异．系统工程理论与实践，2018，38（9）：2256 -2266.

[225] 孙昌盛，李杰杰，邓炼，张春英．中部经济圈城市住宅价格空间分异格局及影响因素．桂林理工大学学报：1 -7.

[226] 何丹，金凤君．北京市住宅价格的影响因素和轨道交通效应．地域研究与开发，2014，33（5）：59 -64.

[227] 周佳琪，金百锁．基于空间网络自回归变点模型的合肥市房地产价格

影响因素分析［J］．中国科学院大学学报，2020，37（3）：398－404.
［228］徐丹萌，李欣，张苏文．沈阳市住房价格空间分异格局及其影响因素研究．人文地理，2021，36（6）：125－134.
［229］秦佳睿，盛业华，王燕锋，等．南京市住宅价格影响因素分析．地球信息科学学报，2021，23（5）：882－890.
［230］王弟海．透视我国的高房价：一般均衡分析的视角．浙江社会科学，2010，163（3）：13－16，125－126.
［231］曹琳剑，王雪青，王建廷．城市发展视角下商品住宅价格调控影响因素与策略研究．工程管理学报，2014，28（4）：128－132.
［232］刘有章，徐颖．中国长三角地区房价影响因素实证分析——基于空间视角．海南大学学报（人文社会科学版），2019，37（6）：77－85.
［233］董小刚，乔庆华，翟亮，等．可达性视角下的住宅价格影响因素研究．测绘科学，2020，45（11）：169－176，184.
［234］马香品，姚慧琴．供需视角下的我国房地产价格波动的空间差异及成因分析．经济问题探索，2020，451（2）：31－38.
［235］笪可宁，杨贺贞．价格聚类视角下商品住宅价格影响因素实证研究．沈阳建筑大学学报（社会科学版），2020，22（5）：494－499.
［236］王万涛．贵州省房地产价格影响因素研究——基于宏观经济视角．国土与自然资源研究，2020，188（5）：36－38.
［237］Nichols J，Oliner S，Mulhall M. Swings in Commercial and Residential Land Prices in the United States. Journal of Urban Economics，2012，73.
［238］Altuzarra A，Esteban M. Land prices and housing prices：The case of Spain. Journal of Housing and the Built Environment，2011，26.
［239］Knoll K，Schularick M，Steger T. No Price Like Home：Global House Prices，1870－2012. American Economic Review，2017，107：331－353.
［240］Cuestas J. House prices and capital inflows in Spain during the boom：evidence from a cointegrated VAR and a Structural Bayesian VAR. Journal of

Housing Economics, 2017, 37.

[241] Laurinavičius A, Laurinavičius A, Laurinavičius A. Macroeconomic variables influencing housing prices in Vilnius. International Journal of Strategic Property Management, 2021, 26: 1 - 11.

[242] Holly S, Pesaran H, Yamagata T. A Spatio - Temporal Model of House Prices in the US. Journal of Econometrics, 2010, 158: 160 - 173.

[243] Pangallo M, Nadal J P, Vignes A. Residential income segregation: A behavioral model of the housing market. Journal of Economic Behavior & Organization, 2019, 159: 15 - 35.

[244] Ng M, Roper J, Lee C L, Pettit C. The Reflection of Income Segregation and Accessibility Cleavages in Sydney's House Prices. ISPRS International Journal of Geo - Information, 2022, 11 (7): 413.

[245] Maennig W, Dust L. Shrinking and growing metropolitan areas asymmetric real estate price reactions?: The case of German single - family houses. Regional Science and Urban Economics, 2008, 38: 63 - 69.

[246] Moallemi M, Melser D. The Impact of Immigration on Housing Prices in Australia. Papers in Regional Science, 2019, 99 (3).

[247] Nguyen T T H, Balli H, Balli F, Syed I. Immigration and regional housing markets: prices, rents, price - to - rent ratios and disequilibrium. Regional Studies, 2021, 56: 1 - 13.

[248] Saiz A. Immigration and Housing Rents in American Cities. Journal of Urban Economics, 2006, 61: 345 - 371.

[249] 温婷，蔡建明，杨振山，宋涛．国外城市舒适性研究综述与启示．地理科学进展，2014，33 (2): 249 - 258.

[250] Nilsson P. Natural amenities in urban space - A geographically weighted regression approach [J]. Landscape and Urban Planning, 2014, 121: 45 - 54.

[251] Kong Fanhua, Yin Haiwei, Nakagoshi, N. Using GIS and landscape metrics in the hedonic price modeling of the amenity value of urban green space: A case study in Jinan City, China. Landscape and Urban Planning, 2007, 79: 240 - 252.

[252] 尹海伟，徐建刚，孔繁花．上海城市绿地宜人性对房价的影响．生态学报，2009，29（8）：4492 - 4500.

[253] 石忆邵，张蕊．大型公园绿地对住宅价格的时空影响效应——以上海市黄兴公园绿地为例．地理研究，2010，29（3）：510 - 520.

[254] 温海珍，李旭宁，张凌．城市景观对住宅价格的影响——以杭州市为例［J］．地理研究，2012，31（10）：1806 - 1814.

[255] 喻胜华，赵盼．基于面板分位数回归的住宅价格影响因素分析．财经理论与实践，2018，39（5）：128 - 133.

[256] 武婷，沈静．城市空气质量对住宅价格的影响研究——基于广州市二手房的大数据分析．规划师，2019，35（10）：47 - 52.

[257] 王树强，史婧．空气质量对城市住宅价格影响的区域差异性研究［J］．价格月刊，2019，509（10）：14 - 21.

[258] 杨路英，吴玉鸣．空气质量影响住房价格了吗？——来自北京二手住宅市场的微观证据．生态经济，2020，36（6）：168 - 172.

[259] Ridker H. The determinants of residential property values with special reference to air pollution [J]. The Review of Economics and Statistics, 1976, 49 (1): 246 - 257.

[260] Platter R H, Campbell T J. A study of the effect of water view onsite value [J]. The Appraisal Journal, 1978, 46 (2): 22 - 25

[261] 温海珍，卜晓庆，秦中伏．城市湖景对住宅价格的空间影响——以杭州西湖为例［J］．经济地理，2012，32（11）：58 - 6.

[262] 杨剩富，胡守庚，徐枫，等．特殊自然地物对城市住宅地价和房价的影响——以武汉市为例［J］．资源科学，2016，38（4）：738 - 749.

[263] Sung M, Ki J. Effects of Educational and Cultural Facilities on Housing Prices in Seoul from an Accessibility Perspective. Journal of People Plants and Environment, 2021, 24: 529 – 544.

[264] Wen Haizhen, Zhang Yang, Zhang Ling. Do educational facilities affect housing price? An empirical study in Hangzhou, China. Habitat International, 2014, 42.

[265] 蔡真，汪利娜. 住宅市场的价格特征：以北京市为例. 金融评论，2012 (6): 11 – 33.

[266] 周京奎，吴晓燕. 公共投资对房地产市场的价格溢出效应研究：基于中国30省市数据的检验. 世界经济文汇，2009 (1): 15 – 32.

[267] 周华，李同升. 基于Hedonic模型的西安市住宅价格空间分异机制研究. 西安文理学院学报：自然科学版，2007，10 (2): 68 – 71.

[268] 王松涛，郑思齐，冯杰. 公共服务设施可达性及其对新建住房价格的影响——以北京中心城为例. 地理科学进展，2007 (6): 78 – 85, 147 – 148.

[269] 杨振刚，宋姗姗，郭舰. 小学教学质量对住房价格影响的研究. 财经界，2010 (12): 111 – 113.

[270] 朱传广，唐焱，吴群. 基于Hedonic模型的城市住宅地价影响因素研究：以南京市为例. 地域研究与开发，2014，33 (3): 156 – 160.

[271] 李然好，龚世泽，高勇. 北京市公共服务设施可达性及其对住房价格的影响 [J]. 北京大学学报（自然科学版），2021，57 (5): 875 – 884.

[272] 彭建东，潘俊锋，陈宇杰等. 公共服务设施对周边房价的空间效应研究——基于武汉市综合医院案例分析. 价格理论与实践: 1 – 4.

[273] 彭保发，石忆邵，单玥，等. 上海市三甲医院对周边地区住房价格的空间影响效应分析. 地理科学，2015，35 (7): 860 – 866.

[274] Rivas R, Patil D, Hristidis V, Barr J, Srinivasan N. The impact of colleges and hospitals to local real estate markets. Journal of Big Data,

2019，6.

[275] Chakrabarti S，Kushari T，Mazumder T. Does transportation network centrality determine housing price? . Journal of Transport Geography，2022，103.

[276] Yazdanifard Y，Joshaghani H，Talebian M. Metro station inauguration，housing prices，and transportation accessibility：Tehran case study. Journal of Transport and Land Use，2021，14：537－561.

[277] Welch T，Gehrke S R，Wang Fangru. Long－term impact of network access to bike facilities and public transit stations on housing sales prices in Portland，Oregon. Journal of Transport Geography，2016，54：264－272.

[278] 王琳．城市轨道交通对住宅价格的影响研究——基于特征价格模型的定量分析．地域研究与开发，2009，28（2）：57－61，70.

[279] 谷一桢，郑思齐．轨道交通对住宅价格和土地开发强度的影响——以北京市13号线为例．地理学报，2010，65（2）：213－223.

[280] 武倩楠，叶霞飞．城市轨道交通可达性提高和住宅价格增值关系．同济大学学报（自然科学版），2016，44（6）：899－906.

[281] 陆铭，欧海军，陈斌开．理性还是泡沫：对城市化、移民和房价的经验研究．世界经济，2014，37（1）：30－54.

[282] 杨本建，林云鹏．外来移民对城市房价的影响：一种基于本地居民流动性的分解．经济学报，2023，10（1）：280－309.

[283] 李嘉楠，游伟翔，孙浦阳．外来人口是否促进了城市房价上涨？——基于中国城市数据的实证研究．南开经济研究，2017（1）：58－76.

[284] Gopy－Ramdhany N，Seetanah B. Does Immigration Affect Residential Real Estate Prices? Evidence From Australia，2020.

[285] Degen K，Fischer A M. Immigration and Swiss House Prices. Swiss J Economics Statistics，2017，153：15－36.

[286] Saiz A. Immigration and Housing Rents in American Cities. Journal of Ur-

ban Economics, 2006, 61: 345 -371.

[287] Cheung K S, Yiu E. The paradox of airbnb, crime and house prices: A reconciliation. Tourism Economics, 2022.

[288] Wong W, Azhari Ad, Abdullah N A H, Yin Y. Estimating the impact of crime risk on housing prices in Malaysia. International Journal of Housing Markets and Analysis. ahead - of - print, 2019.

[289] Ceccato V, Wilhelmsson M. Do crime hot spots affect housing prices? Do crime hot spots affect housing prices? Nordic Journal of Criminology, 2019, 21.

[290] Tita G, Petras T, Greenbaum R. Crime and Residential Choice: A Neighborhood Level Analysis of the Impact of Crime on Housing Prices. Journal of Quantitative Criminology, 2006, 22: 299 -317.

[291] Kim K, Park S, Kweon Y. Highway traffic noise effects on land price in an urban area. Transportation Research Part D: Transport and Environment, 2007, 12: 275 -280.

[292] Espey M. The Effects of Airport Noise on Residential Property Values. Growth and Change, 2000, 31: 408 -419.

[293] Liang Changyi. The impact of air pollution on urban land price and willingness to pay for clean air - Evidence from micro level land transactions in China. Journal of Cleaner Production, 2023, 414: 137790.

[294] Smith V, Huang J. Can Markets Value Air Quality? A Meta - Analysis of Hedonic Property Value Models. Journal of Political Economy, 1995, 103: 209 -27.

[295] Zhu Jiwei, Chen Bo, Lu Ping, Liu Jianlin, Tang Gang. Impact of urban water system treatment on the surrounding residential land price. Arabian Journal of Geosciences, 2018, 11.

[296] Weigher J, Zerbst R. The Externalities of Neighborhood Parks: An Em-

pirical Investigation. Land Economics, 1973, 49: 99.
[297] Ahlfeldt G, Maennig W. Impact of sports arenas on land values: evidence from Berlin. SSRN Electronic Journal, 2007.
[298] 阚博颖，濮励杰，徐彩瑶，朱明，黄思华，谢正栋．基于GWR模型的南京主城区住宅地价空间异质性驱动因素研究．经济地理，2019，39（3）：100－107.
[299] Slade B. Big box stores and urban land prices: friend or foe? Real Estate Economics, 2017, 46.
[300] Kanasugi H, Ushijima K. The impact of a high - speed railway on residential land prices: The impact of a high - speed railway on land prices. Papers in Regional Science, 2017, 97.
[301] Ullman E L. Amenities as a factor in regional growth. Geographical Review, 1954, 44 (1): 119 - 132.
[302] 王宁．城市的舒适物配置与空间正义．旅游学刊，2017，32（4）：2－4.
[303] Lanzara G, Minerva G A. Tourism, amenities, and welfare in an urban setting. Journal of Regional Science, 2019, 59 (3): 452 - 479.
[304] Uysal M, Sirgy M J, Woo E, et al. Quality of life (QOL) and well - being research in tourism. Tourism Management, 2016, 53: 244 - 261.
[305] 王宁．城市舒适物与消费型资本——从消费社会学视角看城市产业升级．兰州大学学报（社会科学版），2014，42（1）：1－7.
[306] Johnson K M, Beale C L. The Recent Revival of Widespread Population Growth in Nonmetropolitan Areas of the United States. Rural Sociology, 1994, 59 (4): 655 - 667.
[307] Van Berkel D B, Verburg P H. Spatial quantification and valuation of cultural ecosystem services in an agricultural landscape. Ecological indicators, 2014, 37 (5): 163 - 174.

[308] Brown G. Mapping landscape values and development preferences: a method for tourism and residential development planning. International journal of tourism research, 2006, 8 (2): 101 –113.

[309] Waldfogel J. The median voter and the median consumer: Local private goods and population composition. Journal of urban Economics, 2008, 63 (2): 567 –582.

[310] Mazzolari F, Neumark D. Immigration and product diversity. Journal of Population Economics, 2012, 25: 1107 –1137.

[311] Lanzara G, Minerva G A. Tourism, amenities, and welfare in an urban setting. Journal of Regional Science, 2019, 59 (3): 452 –479.

[312] Lloyd R, Clark T N. The city as an entertainment machine. Critical perspectives on urban redevelopment, 2001, 6 (3): 357 –378.

[313] 薛雨萌，周永博，李东晔. 场景与国民舒适物构建：一个概念演进的分析视角. 旅游导刊，2022，6（5）：28 –49.

[314] 张必春，雷晓丽. 夜生活场景提升城市发展新动力的作用机制研究——基于35个城市样本数据的实证分析. 现代城市研究，2022（10）：23 –31.

[315] Silver D A, Clark T N. Scenescapes: How qualities of place shape social life. Chicago, USA: University of Chicago Press, 2016.

[316] 吴军. 文化场景营造与城市发展动力培育研究——基于北京三个案例的比较分析. 中国文化产业评论，2019，27（1）：305 –323.

[317] 傅才武，王异凡. 场景视阈下城市夜间文旅消费空间研究——基于长沙超级文和友文化场景的透视. 武汉大学学报（哲学社会科学版），2021，74（6）：58 –70.

[318] Aslam A, Corrado L. The geography of well – being. Journal of Economic Geography, 2012, 12 (3): 627 –649.

[319] Rogerson R J. Quality of life and city competitiveness. Urban studies,

1999, 36 (5 -6): 969 -985.

[320] Isserman A M. Competitive advantages of rural America in the next century. International Regional Science Review, 2001, 24 (1): 38 -58.

[321] Marcouiller D W, Kim K K, Deller S C. Natural amenities, tourism and income distribution. Annals of tourism research, 2004, 31 (4): 1031 - 1050.

[322] Van Berkel D B, Munroe D K, Gallemore C. Spatial analysis of land suitability, hot - tub cabins and forest tourism in Appalachian Ohio. Applied Geography, 2014, 54: 139 -148.

[323] Holmes J. Impulses towards a multifunctional transition in rural Australia: Gaps in the research agenda. Journal of rural studies, 2006, 22 (2): 142 -160.

[324] Kourtit K, Nijkamp P, Romão J. Cultural heritage appraisal by visitors to global cities: the use of social media and urban analytics in urban buzz research. Sustainability, 2019, 11 (12): 3470.

[325] Kloosterman R C. Cultural amenities: Large and small, mainstream and niche—A conceptual framework for cultural planning in an age of austerity. European Planning Studies, 2014, 22 (12): 2510 -2525.

[326] Deller S C, Tsai T H, Marcouiller D W, et al. The role of amenities and quality of life in rural economic growth. American journal of agricultural economics, 2001, 83 (2): 352 -365.

[327] Carlson, J. A review of global wine tourism research. Journal of wine research, 2004, 15 (1): 5 -13.

[328] Guzmán P C, Roders A R P, Colenbrander B J F. Measuring links between cultural heritage management and sustainable urban development: An overview of global monitoring tools. Cities, 2017, 60: 192 -201.

[329] Bernini C, Cerqua A, Pellegrini G. Endogenous amenities, tourists' happi-

ness and competitiveness. Regional Studies, 2020, 54 (9): 1214 - 1225.

[330] Marcouiller D W. Environmental resources as latent primary factors of production in tourism: the case of forest - based commercial recreation. Tourism Economics, 1998, 4 (2): 131 - 145.

[331] Biagi B, Ladu M G, Meleddu M, et al. Tourism and the city: The impact on residents' quality of life. International Journal of Tourism Research, 2020, 22 (2): 168 - 181.

[332] 王宁. 城市的舒适物配置与空间正义. 旅游学刊. 2017, 32 (4): 2 - 4.

[333] Di Lascio F M L, Giannerini S, Scorcu A E, et al. Cultural tourism and temporary art exhibitions in Italy: A panel data analysis. Statistical Methods & Applications, 2011, 20: 519 - 542.

[334] Rand G E D, Heath E, Alberts N. The role of local and regional food in destination marketing: A South African situation analysis. Journal of Travel & Tourism Marketing, 2003, 14 (3 - 4): 97 - 112.

[335] Castillo - Manzano J I, Castro - Nuño M, Lopez - Valpuesta L, et al. Assessing the tourism attractiveness of World Heritage Sites: The case of Spain. Journal of Cultural Heritage, 2021, 48: 305 - 311.

[336] Canale R R, De Simone E, Di Maio A, et al. UNESCO World Heritage sites and tourism attractiveness: The case of Italian provinces. Land use policy, 2019, 85: 114 - 120.

[337] Cuccia T, Guccio C, Rizzo I. The effects of UNESCO World Heritage List inscription on tourism destinations performance in Italian regions. Economic Modelling, 2016, 53: 494 - 508.

[338] Guccio C, Lisi D, Martorana M, et al. On the role of cultural participation in tourism destination performance: an assessment using robust conditional efficiency approach. Journal of Cultural Economics, 2017, 41:

129 - 154.

[339] Marcouiller D W, Kim K K, Deller S C. Natural amenities, tourism and income distribution. Annals of Tourism Research, 2004, 31 (4): 1031 - 1050.

[340] Fleischer A. A room with a view—A valuation of the Mediterranean Sea view. Tourism Management, 2012, 33 (3): 598 - 602.

[341] Carson D A, Carson D B, Eimermann M. International winter tourism entrepreneurs in northern Sweden: understanding migration, lifestyle, and business motivations. Scandinavian Journal of Hospitality and Tourism, 2018, 18 (2): 183 - 198.

[342] Rosentraub M S, Joo M. Tourism and economic development: Which investments produce gains for regions. Tourism Management, 2009, 30 (5): 759 - 770.

[343] Carlino G A, Saiz A. Beautiful city: Leisure amenities and urban growth. Journal of Regional Science, 2019, 59 (3): 369 - 408.

[344] McFarlane J, Grant B, Blackwell B, et al. Combining amenity with experience: Exploring the hidden capital of a winescape experience. Tourism Economics, 2017, 23 (5): 1076 - 1095.

[345] Stephens H M, Partridge M D. Lake amenities, environmental degradation, and great lakes regional growth. International Regional Science Review, 2015, 38 (1): 61 - 91.

[346] Biagi B, Ladu M G, Meleddu M, et al. Tourism and the city: The impact on residents' quality of life. International Journal of Tourism Research, 2020, 22 (2): 168 - 181.

[347] Porto N, Espinola N. Labor income inequalities and tourism development in Argentina: A regional approach. Tourism Economics, 2019, 25 (8): 1265 - 1285.

[348] Glorioso R S, Moss L A G. Santa Fe, a fading dream: 1986 profile and 2005 postscript. The amenity migrants: Seeking and sustaining mountains and their cultures, 2006: 73 - 93.

[349] B. Robertson, C. Stark. Alberta's amenity rush//The amenity migrants: Seeking and sustaining mountains and their cultures, Oxford, UK: CABI International, 2006.

[350] Pavelka J, Draper D. Leisure negotiation within amenity migration. Annals of Tourism Research, 2015, 50 (50): 128 - 142.

[351] Ruiz - Ballesteros E, Cáceres - Feria R. Community - building and amenity migration in community - based tourism development. An approach from southwest Spain. Tourism Management, 2016, 54: 513 - 523.

[352] Noonan L. The role of culture as a determinant of tourism demand: evidence from European cities. International Journal of Tourism Cities, 2023, 9 (1): 13 - 34.

[353] Lanzara G, Minerva G A. Tourism, amenities, and welfare in an urban setting. Journal of Regional Science, 2019, 59 (3): 452 - 479.

[354] Ananian P, Perras A, Borde M A. Living in Old Montreal: Residents' perceptions of the effects of urban development and tourism development on local amenities. The Canadian Geographer, 2018, 62 (4): 535 - 550.

[355] McFarlane J, Grant B, Blackwell B, et al. Combining amenity with experience: Exploring the hidden capital of a winescape experience. Tourism Economics, 2017, 23 (5): 1076 - 1095.

[356] Carlino G A, Saiz A. Beautiful city: Leisure amenities and urban growth. Journal of Regional Science, 2019, 59 (3): 369 - 408.

[357] Rosentraub M S, Joo M. Tourism and economic development: Which investments produce gains for regions. Tourism Management, 2009, 30 (5): 759 - 770.

[358] Biagi B, Ladu M G, Meleddu M, et al. Tourism and the city: The impact on residents' quality of life. International Journal of Tourism Research, 2020, 22 (2): 168 - 181.

[359] Ananian P, Perras A, Borde M A. Living in Old Montreal: Residents' perceptions of the effects of urban development and tourism development on local amenities. The Canadian Geographer, 2018, 62 (4): 535 - 550.

[360] Carson D A, Carson D B, Eimermann M. International winter tourism entrepreneurs in northern Sweden: understanding migration, lifestyle, and business motivations. Scandinavian Journal of Hospitality and Tourism, 2018, 18 (2): 183 - 198.

[361] Pavelka J, Draper D. Leisure negotiation within amenity migration. Annals of Tourism Research, 2015, 50 (50): 128 - 142.

[362] Ruiz - Ballesteros E, Cáceres - Feria R. Community - building and amenity migration in community - based tourism development. An approach from southwest Spain. Tourism Management, 2016, 54: 513 - 523.

[363] 浩飞龙，张杰，王士君．国内外城市舒适性研究综述与展望［J］．地理科学进展，2022，41（12）：2396 - 2409.

[364] 温婷，蔡建明，杨振山，宋涛．国外城市舒适性研究综述与启示［J］．地理科学进展，2014，33（2）：249 - 258.

[365] 吴军，王桐，郑昊．以舒适物为导向的城市发展理论模型——一种新的国际城市研究范式［J/OL］．国际城市规划：1 - 16［2023 - 05 - 04］．http://kns.cnki.net/kcms/detail/11.5583.TU.20220707.0838.001.html.

[366] Ullman E L. Amenities as a Factor in Regional Growth [J]. Geographical Review, 1954, 44 (1): 119 - 132.

[367] Bartik T J, Smith V K. Urban amenities and public policy// Mills E S. Handbook of regional and urban economics. Amsterdam, Netherlands: Elsevier, 1987: 1207 - 1254.

[368] Power T M. The economic pursuit of quality. New York, USA: ME Sharpe Armonk, 1988.

[369] Scott A J. Jobs or amenities? Destination choices of migrant engineers in the USA. Papers in Regional Science, 2010, 89 (1): 43 – 63.

[370] Brueckner J K, Thisse J F, Zenou Y. Why is central Paris rich and downtown Detroit poor? An amenity – based theory. European Economic Review, 1999, 43 (1): 91 – 107.

[371] Clark T N. Urban Amenities: Lakes, opera, and juice bars: Do they drive development? //Clark T N. The City as an Entertainment Machine. New York: Elsevier, 2004.

[372] Glaeser E L, Kolko J, Saiz A. Consumer city. Journal of Economic Geography, 2001, 1 (1): 27 – 50.

[373] Rosen S. Wage – based indexes of urban quality of life// Mieszkowski P, Straszheim M. Current issues in urban economics. Baltimore, USA: Johns Hopkins University Press, 1979: 74 – 104.

[374] Boyer R, Savageau D. Places rated almanac: Your guide to finding the best places to live in North America. New York, USA: Prentice Hall, 1989.

[375] Florida R. Bohemia and economic geography. Journal of Economic Geography, 2002, 2 (1): 55 – 71.

[376] Florida R. The economic geography of talent. Annals of the Association of American Geographers, 2002, 92 (4): 743 – 755.

[377] Whisler R L, Waldorf F B S, Mulligan G F, et al. Quality of life and the migration of the college – educated: a life – course approach. Growth and change, 2008, 39 (1): 58 – 94.

[378] Rigolon A, Németh J. What shapes uneven access to urban amenities? Thick injustice and the legacy of racial discrimination in Denver's parks. Journal of Planning Education and Research, 2018, 41 (3): 312 – 325.

[379] Haisch T, Klöpper C. Location choices of the creative class: does tolerance make a difference? Journal of urban affairs, 2015, 37 (3): 233 – 254.

[380] Rogerson R J. Quality of life and city competitiveness. Urban Studies, 1999, 36 (5 – 6): 969 – 985.

[381] Clark T N. Urban amenities: lakes, opera, and juice bars: do they drive development//Clark T N. The city as an entertainment machine. New York: JAI Press, 2003: 103 – 140.

[382] Florida R. The rise of the creative class. Regional Science and Urban Economics, 2005, 35 (5): 593 – 596.

[383] Glaeser E L, Kolko J, Saiz A. Consumer city. Journal of Economic Geography, 2001, 1 (1): 27 – 50.

[384] Rigolon A, Németh J. What shapes uneven access to urban amenities? Thick injustice and the legacy of racial discrimination in Denver's parks. Journal of Planning Education and Research, 2018, 41 (3): 312 – 325.

[385] Clark T N. The city as an entertainment machine. Lanham: Md., Lexington Books, 2003: 103 – 322.

[386] Vanderleeuw J M, Sides J C. Quality of life amenities as contributors to local economies: views of city managers. Journal of urban affairs, 2016, 38 (5): 661 – 675.

[387] Zheng L. What city amenities matter in attracting smart people? Papers in Regional Science, 2016, 95 (2): 309 – 327.

[388] He Jinliao, Huang Xianjin, Xi Guangliang. Urban amenities for creativity: An analysis of location drivers for photography studios in Nanjing, China. Cities, 2018, 74: 310 – 319.

[389] Wu Yangyi, Yehua Dennis Wei, Li Han, et al. Amenity, firm agglomeration, and local creativity of producer services in Shanghai. Cities,

2022，120：103421.

[390] 温婷，林静，蔡建明，等．城市舒适性：中国城市竞争力评估的新视角及市政研判．地理研究，2016，35（2）：214－226.

[391] 喻忠磊，唐于渝，张华，等．中国城市舒适性的空间格局与影响因素．地理研究，2016，35（9）：1783－1798.

[392] 马凌，李丽梅，朱竑．中国城市舒适物评价指标体系构建与实证．地理学报，2018，73（4）：755－770.

[393] Song H S，Zhang M，Wang R Q. Amenities and spatial talent distribution：Evidence from the Chinese IT industry. Cambridge Journal of Regions，Economy and Society，2016，9（3）：517－533.

[394] Jiang H N，Zhang W Z，Duan J. Location choice of overseas high－level young returned talents in China. Sustainability，2020，12（21）：9210.

[395] He Jinliao，Song Yanjiao，Huang Xianjin，et al. An amenity－based approach to excellent returning scientists' location choice in China，Papers in Regional Science，2022，101（5）：1181－1197.

[396] 林静霞，何金廖，黄贤金．城市舒适性视角下科研人才流动的城市偏好研究．地域研究与开发，2020，39（1）：59－64.

[397] 张松林，孙文远，郑好青．城市便利性视角下人口迁移决策研究——新时代户籍制度改革的新框架．经济体制改革，2019（5）：68－73.

[398] 扈爽，朱启贵．城市舒适物吸引了人才吗——基于我国地级市数据的实证研究．山西财经大学学报，2022，44（6）：28－41.

[399] 何金廖，曾刚．城市舒适性驱动下的创意产业集聚动力机制——以南京品牌设计产业为例．经济地理，2019，39（3）：134－142.

[400] 王宁．地方消费主义、城市舒适物与产业结构优化——从消费社会学视角看产业转型升级．社会学研究，2014，29（4）：24－48.

[401] 浩飞龙，张杰，王士君．国内外城市舒适性研究综述与展望．地理科学进展，2022，41（12）：2396－2409.